봉주르 프랑스어

Bonjour

봉주르 프랑스어

조화림, 서영민, 강경란

소리내

• 서문 •

오늘날 우리는 인터넷의 발달과 국제화의 영향으로 다양한 세계문화와의 접근이 용이하고 국가 간의 교역과 교류가 활발한 시대에 살고 있다. 특히 빅데이터, 인공지능과 로봇, VR 등으로 구현되는 4차 산업혁명은 지구촌 사람들의 세계관은 물론 일상적 삶의 패턴에도 큰 변화를 초래하고 있다.

따라서 이 시대에는 무엇보다 문화 상호주의에 입각하여 다양한 문화와 사상을 이해하고 수용하고자 하는 적극적인 의지가 필요하다. 또한 영어 일변도의 교육에서 벗어나 각 문화와 사상의 매개체인 다양한 언어를 배우는 일도 중요하다.

프랑스어는 1714년의 〈라슈타트〉 조약 이래 명실공히 세계 공용어로 승인된 언어이며 UN을 비롯한 주요 국제기구의 공용어이자 제 3의 비즈니스 언어이다. 프랑스어는 현재 90여 개의 국가에서 3억여 명이 사용하는 세계 제 2의 의사소통 언어이다. 최근 우리나라에서는 프랑스 및 프랑스어권 아프리카 국가들과의 교류가 활발해지면서 프랑스와 프랑스어에 대한 관심이 증가하고 있다. 문학을 비롯한 미술, 음악, 패션 등 예술 분야에만 그치지 않고 다양한 학문 분야는 물론 프랑스인의 사고의 방법과 생활양식에까지 확대되고 있는 상황이다. 2016년 11월에 우리나라가 프랑코포니, 즉 프랑스어를 사용하는 공동체를 지칭하는 OIF(프랑스어권 국제기구)에 참관국으로 가입한 사실이 그러한 변화의 한 예이다. 주한 프랑스 대사관의 공식적인 통계에 따르면 현재 한국에는 35만 명의 프랑스어 사용자가 있으며 매년 5만여 명이 고등학교와 대학교, 알리앙스 프랑세즈 등에서 프랑스어를 배우고 있다고 한다. 이러한 상황에서 우리 저자들은 그 어느 때보다도 국내의 프랑스어 교육을 체계적으로 실행해야 할 필요성을 공유하고 프랑스어를 처음 배우는 학습자를 위한 책을 쓰고자 했다.

이 책은 교양 또는 전공으로서 프랑스어를 효율적으로 배울 수 있도록 구성하였다. 특히 프랑스어의 기본적인 문장 구조와 어휘 및 실제 활용 가능한 표현들을 익힐 수 있도록 하는 데 중점을 두었다. 발음 부분에서는 프랑스어 철자와 발음, 리에종과 프랑스어 특유의 다양한 철자 기호들을 알기 쉽게 정리하였다. 본문의 대화 부분은 실용회화 위주의 생활 프랑스어로 구성하였고, 대화에 사용된 어휘들도 정리하여 제시함으로써 학습자가 공부하는 시간을 절약할 수 있도록 하였다. 또한 대화에 이용된 문법을 중심으로 다양한 표현을 익힐 수 있도록 하였고, 이를 연습문제를 통해 다시 한번 점검하고 활용할 수 있도록 하였다. 문화 부분에서는 다양한 프랑스의 문화예술 및 그와 관련된 역사적 배경과 일화들을 소개함으로써 프랑스의 진면목을 발견할 수 있도록 하였다.

성인이 되어 외국어를 배우는 일은 모국어 언어 체계와의 끊임없는 충돌의 기나긴 터널을 통과해야 하는 고통과 노력을 수반한다. 그 과정을 성공적으로 마친 사람만이 프랑스어를 자신 있게 친구로 삼을 수 있다. 이 책이 프랑스어를 배우고자 하는 모든 이들에게 좋은 안내자가 되기를 바란다.

• Table des matières •
목차

• Prononciation •
발음

① Alphabet(알파벳)

A	a	*A*	*a*	[ɑ]	N	n	*N*	*n*	[ɛn]
B	b	*B*	*b*	[be]	O	o	*O*	*o*	[o]
C	c	*C*	*c*	[se]	P	p	*P*	*p*	[pe]
D	d	*D*	*d*	[de]	Q	q	*Q*	*q*	[ky]
E	e	*E*	*e*	[ə]	R	r	*R*	*r*	[ɛ:ʀ]
F	f	*F*	*f*	[ɛf]	S	s	*S*	*s*	[ɛs]
G	g	*G*	*g*	[ʒe]	T	t	*T*	*t*	[te]
H	h	*H*	*h*	[aʃ]	U	u	*U*	*u*	[y]
I	i	*I*	*i*	[i]	V	v	*V*	*v*	[ve]
J	j	*J*	*j*	[ʒi]	W	w	*W*	*w*	[dubləve]
K	k	*K*	*k*	[kɑ]	X	X	*X*	*x*	[iks]
L	l	*L*	*l*	[ɛl]	Y	Y	*Y*	*y*	[igʀɛk]
M	m	*M*	*m*	[ɛm]	Z	z	*Z*	*z*	[zɛd]

- 필기체 대문자 *A*, *I*, *J*, *Q*, *S*, *T*등, 영어와 다른 자체에 유의.
- q는 끝을 삐치지 않음.
- 프랑스인들은 영어식 필기체를 쓰지 않음. 필기체를 모를 때는 활자체를 쓰도록 함.

② Les voyelles(모음)

모음은 a, e, i, o, u, y 여섯 개. 구강모음과 비강모음으로 나뉨.

1) Voyelles orales(구강모음)

발음할 때 후두로부터 유출되는 숨결이 구강만을 공명하는 모음

[i] rivière [ʀivjɛ:ʀ]　[y] dur [dy:ʀ]　[u] jour [ʒu:ʀ]
[e] chez [ʃe]　[ø] bleu [blø]　[o] mot [mo]

[ɛ] elle [ɛl]　[ə] petit [pəti]　[ɔ] homme [ɔm]
[a] table [tabl]　[œ] odeur [ɔdœ:ʀ]　[ɑ] blâme [blɑ:m]

2) Voyelles nasales(비강모음)

비강(콧소리)의 울림을 수반하는 모음

[ɛ̃] simple [sɛ̃:pl]　[œ̃] humble [œ̃:bl]　[ɔ̃] long [lɔ̃]
[ɑ̃] danse [dɑ̃:s]

③ Les consonnes(자음)

- 자음은 20개로 폐쇄음과 마찰음으로 나뉨.
- 폐쇄음은 발음할 때 일시적으로 폐쇄되었던 조음기관이 갑작스런 개방과 더불어 파열현상이 일어나는 음이며, 마찰음은 조음기관이 수축되나 막힘이 없이 공기가 흘러나오는 음.

※ 중복된 자음은 두 번 발음하지 않음. 마지막 자음은 발음하지 않는 것이 원칙.

cf c, f, l, q, r는 발음되는 경우가 있음.

sac　neuf　ciel　cinq　fleur

※ h는 어떠한 경우에도 발음되지 않음.

hommage　héroïne　hasard

1) Consonnes occlusives(폐쇄음)

자음 중 가장 큰 장애를 받는 소리로, 나오던 기류가 일단 완전히 막혔다가 터져나오는 자음

[p] papa [papa]　　[t] question [kɛstjɔ̃]　　[k] kilo [kilo]

[b] bras [bʀa]　　[d] soldat [sɔlda]　　[g] guerre [gɛːʀ]

[m] mère [mɛːʀ]　　[n] animal [animal]　　[ɲ] montagne [mɔ̃taɲ]

2) Consonnes fricatives(마찰음)

입 안이나 목청 사이의 통로를 좁히고, 공기를 그 좁은 틈 사이로 내보내어 마찰을 일으키면서 내는 소리

[f] café [kafe]　　[s] si [si]　　[ʃ] chemin [ʃ(ə)mɛ̃]

[v] valise [valiːz]　　[z] zéro [zeʀo]　　[ʒ] Japon [ʒapɔ̃]

[l] livre [liːvʀ]　　[ʀ] rue [ʀy]

3) Semi-consonnes ou Semi-voyelles(반자음 / 반모음)

[j] piano [pjano]　　[ɥ] lui [lɥi]　　[w] ouest [wɛst]

④ Les signes orthographiques(철자기호)

´	악상 테귀 é : été, école, étage	accent aigu
`	악상 그라브 à, è, ù : là, dès, où	accent grave
^	악상 시르콩플렉스 â, ê, î, ô, û : âme, fête, île, hôtel, sûr	accent circonflexe

¨	트레마 ë, ï, ü : Noël, maïs, Emmaüs	tréma
¸	세디유 ç : leçon, français	cédille
-	트레 뒤니옹 grand-père, arc-en-ciel	trait d'union
'	아포스트로프 l'homme, l'amour	apostrophe

5 Alphabet et prononciation(철자와 발음)

1) Autour des voyelles(모음을 중심으로)

(1)	a [a, ɑ]	bas, salade
	à [a]	là-bas, voilà
	â [a, ɑ]	âge, pâte
(2)	é [e]	blé, été
	è [ɛ]	manière, thème
	ê [ɛ]	forêt, tête
	e [ə] [e] [ɛ]	demain, mener dessiner, les, nez avec, service
(3)	i [i] î ï	pipe, si dîner, île haïr, naïf
(4)	y [i]	mystère, style
(5)	o [o,ɔ] ô	pot, joli pôle, hôtel

(6)	u [y] û	dur, futur flûte, sûr
(7)	ai [ɛ] aî ei	faire, vrai fraîche, maître peine, seize
(8)	au [o] eau	faux, sauce beaucoup, peau
(9)	eu [ø] [œ]	eux, feu fleur, heureux
(10)	œu [ø] [œ]	œufs, mœurs, bœuf, cœur
(11)	ou [u] [w]	souvenir, tout douane, ouest
(12)	oi [wa] oî	oiseau, toit boîte, croître
(13)	an, am [ɑ̃] en, em	blanc, ample encore, ensemble
(14)	in, im [ɛ̃] yn, ym ain, aim ein	vin, timbre syntaxe, symbole pain, faim plein, teint
(15)	on, om [ɔ̃]	bon, nombre
(16)	un, um [œ̃]	brun, humble
(17)	ien [jɛ̃]	mien, tiens
(18)	ion [jɔ̃]	avion, camion
(19)	oin [wɛ̃]	loin, poing
(20)	ay [aj] [ej] [ɛj]	bayer, La Fayette abbaye, pays crayon, paysage, payez
(21)	ey [ɛj]	asseyez-vous, seyant, Seychelles
(22)	oy [waj]	croyable, foyer

(23)	u [ɥ]	cuisine, huile, nuit

2) Autour des consonnes(자음을 중심으로)

(1)	ca, co, cu [k]	cadeau, coton, cube
(2)	ce, ci, cy [s]	cela, merci, cylindre
	ç [s]	français, aperçu, garçon
(3)	ga, go, gu [g]	garage, gomme, légume
	gue, gui [g]	guerre, guitare
(4)	ge, gi, gy [ʒ]	âge, agile, gymnase
	gea, geo [ʒ]	changeable, pigeon
(5)	ch [ʃ]	chance, chiffre
(6)	ph [f]	philosophe, physique
(7)	th [t]	pathos, théâtre
(8)	gn [ɲ]	champagne, cognac
(9)	qu [k]	quasi, quitter
(10)	tion [sjɔ̃]	émotion, nation
	★ 바로 앞이 s일 경우 [tjɔ̃] : gestion, question	
(11)	ill [ij]	famille, réveiller, billet, fille
	★ 예외 [il] :	million, tranquille, village
(12)	ail [aj]	ail, bataille
(13)	eil [ɛj]	soleil, bouteille
(14)	euil [œj] ueil	deuil, feuille cueillir, orgueil
(15)	ouil [uj]	bouillant, rouillé

(16)	두 모음 사이의 s [z] : rose, chaise ★ 그러나 연결(복합)의 경우는 [s] : para + sol → parasol	
(17)	x [ks] [gz]	excuse, expression exact, exercice
(18)	h에는 문법상 무음 muet, 유음 aspiré의 구별이 있음. histoire, haut	

6 La ponctuation(구두점)

.	point	!	point d'exclamation
,	virgule	···	points de suspension
;	point-virgule	—	tiret
:	deux-points	( )	parenthèse
〔 〕	crochets	≪ ≫	guillemets
?	point d'interrogation		

7 L'élision(모음자 축약)

모음이나 무음 h로 시작하는 단어 앞에서 앞 단어의 끝에 있는 음소 [ə](무음 e 또는 탈락성 e)를 축약하고 생략부호(')를 표시.

- ce / de / je / le / me / ne / que / se / te + 모음 / 무음 h → c' / d' / j' / l' / m' / n' / qu' / s' / t'

  l'ami c'est j'ai

- 정관사 la + 모음이나 무음 h로 시작하는 단어 → l'

  l'école l'étudiante l'héroïne

- si + i로 시작하는 단어 → s'

  s'il vous plaît !

- 유음 h 앞에서 축약하지 않음 : le héros la haine

⑧ La liaison(리에종)

의미적 또는 문법적인 관계가 밀접한 두 단어 사이에서의 모음충돌 회피 현상으로, 앞 단어의 발음되지 않는 끝 자음이 모음이나 무음 h로 시작하는 뒤 단어의 첫음절과 결합되어 발음됨.

un ami [œ̃nami]   grand homme [grɑ̃tɔm]

ils ont [ilzɔ̃]   quand il est [kɑ̃tilɛ]   tout à coup [tutaku]

※ 다음의 경우에는 리에종을 하지 않음.

- 접속사 et 다음

  vingt et / un   et / il part

- 단수 명사나 명사 주어 다음

  un étudiant / anglais   L'étudiant / est anglais

- 유음 h 앞

  les / héros   très / haut

Leçon 1

Sur le campus

Jean : Bonjour, Mina ! Ça va ?

Mina : Bonjour, Jean ! Ça va, merci. Et toi ?

Jean : Je vais très bien. Merci. Bonne journée !

Mina : Toi aussi. À bientôt !

Devant le cinéma

Pierre : Salut, Sophie. Comment vas-tu ?

Sophie : Ça va. Merci, et toi ?

Pierre : Pas mal. Je vais à Séoul demain.

Sophie : Ah bon ? Bon voyage ! Moi, je vais à Rome ce week-end.

Pierre : Super ! Bon voyage, toi aussi. À bientôt.

Sophie : Salut, à bientôt.

Vocabulaire

à, aller, aussi, bien, bientôt, bon(ne), bonjour, ça, campus, cinéma, comment, demain, devant, et, je, journée, mal, merci, moi, oui, pas, salut, super, sur, toi, très, tu, voyage, week-end

• Grammaire & Expressions •

① Les pronoms personnels sujets(주어인칭대명사)

인칭	단수	복수
1	je	nous
2	tu	vous
3	il / elle	ils / elles

- 3인칭은 사람뿐만 아니라 사물도 대신
- 3인칭 단수 il은 날씨, 시간 등을 나타내는 형식상의 주어로도 사용
- 2인칭 복수 vous는 단수(존칭)로도 사용

② aller 동사의 변화형과 구문

aller			
je	vais	nous	allons
tu	vas	vous	allez
il / elle	va	ils / elles	vont

Vous allez bien ? Je vais très bien.

Nous allons à Paris. Comment ça va ?

③ Les pronoms personnels toniques(강세형인칭대명사)

인칭	단수	복수
1	moi	nous
2	toi	vous
3	lui / elle	eux / elles

• 강조할 때

Moi, je vais bien.

Lui, il va bien ?

• 단독으로 쓰일 때

Ça va, merci. Et toi ?

Bonne journée ! - Vous aussi.

④ Salutations(인사말)

À bientôt !

À demain !

Bonjour !

Bonsoir !

Salut !

Bonne journée !

Bon après-midi !

Bonne soirée !

Bonne nuit !

Bon week-end !

Bon voyage !

Bonne continuation !

• Exercices •

1. 알맞은 aller 동사의 변화형을 넣으시오.

① Comment ça (   ) ?

② Nous (   ) très bien.

③ Elle (   ) en France.

④ Comment (   )-vous ?

2. 보기에서 알맞은 인칭대명사를 골라 넣으시오.

보기	toi, je, eux, elles, tu

① (   ), ils vont bien.

② Sophie, (   ) vas bien ?

③ Pas mal, merci. Et (   ) ?

④ Moi aussi, (   ) vais bien.

⑤ Marie et Sylvie, (   ) vont bien ?

3. 보기에서 알맞은 단어를 골라 인사말을 완성하시오.

보기	à, bon, bonne

① (   ) voyage !

② (   ) journée !

③ (   ) week-end !

④ Salut, (   ) demain !

• Civilisation •

프랑스(France)

프랑스는 서유럽에서 가장 큰 영토를 가진 나라로, 그 면적은 한반도의 약 2.5배에 달한다. 프랑스는 위치상 유럽의 중심으로, 영불해협을 사이에 두고 영국과 마주하고 있으며, 주변 7개 나라 (이탈리아, 스위스, 독일, 룩셈부르크, 벨기에, 스페인, 안도라)와도 국경을 접하고 있다. 이러한 지정학적 위치는 프랑스가 일찍부터 유럽 문명의 교차로 역할을 하게 되는 동력으로 작용한다. 오늘날에도 프랑스는 유럽연합을 탄생시킨 주역으로서 계속해서 유럽의 발전과 교류 및 협력을 견인하고 있으며, 특히 문화·예술 분야에서 중대한 역할을 담당해오고 있다.

Liberté • Égalité • Fraternité
RÉPUBLIQUE FRANÇAISE

프랑스의 상징들(symboles de la France)

- 라마르세예즈(La Marseillaise) : 프랑스의 국가
  1792년 루제 드 릴(Rouget de Lisle)이 작곡
- 삼색기(Le drapeau tricolore) : 프랑스의 국기, 파랑 - 자유, 하양 - 평등, 빨강 - 박애
- 마리안(Marianne) : 프랑스를 의인화한 여성상, 프랑스 대혁명의 상징,
  대표적인 프랑스 여성 이름 마리와 안의 조합

Leçon 2

Devant le château de Fontainebleau

Souji : Bonjour ! Excusez-moi. Vous êtes française ?

Anne : Oui, je suis française. Et vous ?

Souji : Je suis coréenne. Je suis Souji.

Anne : Je suis Anne, étudiante à Paris 3 Sorbonne Nouvelle.

Souji : Anne, voici Sam. Il est australien.

Sam : Très heureux de vous connaître, Anne.

Anne : Moi aussi. Vous êtes en voyage en France ?

Sam : Oui, j'aime la France.

Anne : Vous parlez bien français.

Sam : Merci ! Grâce à Souji, je parle souvent le français avec Souji.

Anne : Oh, Souji, vous êtes formidable ! Qu'est-ce que vous faites dans la vie ?

Souji : Je suis professeure de français à Séoul. J'aime bien enseigner le français.

Anne : Voici les tickets pour entrer dans le château.

Souji : Merci bien !

Sam : Parfait ! C'est gentil.

Anne : De rien. Il y a beaucoup de choses à voir dans ce château.

(deux heures après la visite)

Sam : C'est intéressant ! Vous êtes fatiguées ?

Souji : Un peu. Voilà un café. Nous allons prendre un café ensemble.

Anne : C'est une bonne idée !

Vocabulaire

aimer, après, australien(ne), château, connaître, coréen(ne), enseigner, ensemble, entrer, étudiant(e), excuser, fatigué(e), formidable, français(e), gentil(le), grâce, heureux(se), idée, intéressant(e), parfait(e), parler, prendre, professeur(e), souvent, ticket, visite, voici, voilà, voir

• Grammaire & Expressions •

1 Le nom(명사)

모든 명사에는 남성(masculin)과 여성(féminin), 단수(singulier)와 복수(pluriel)가 있음.

1) 사람을 나타내는 명사

• 사람을 가리키는 명사의 성은 자연성에 일치

nom masculin(n.m.) : homme, père, fils

nom féminin(n.f.) : femme, mère, fille

• 명사의 남성형 + e = 명사의 여성형

ami - amie étudiant - étudiante

예외 ① -e로 끝나는 명사는 남성형과 여성형 동일

journaliste - journaliste, pianiste - pianiste

② 단어의 어미가 변하는 경우

en → enne : musicien - musicienne

er → ère : étranger - étrangère

eur → euse : chanteur - chanteuse

teur → trice : acteur - actrice

2) 동물을 나타내는 명사

• 동물을 가리키는 명사도 자연성을 따름.

coq - poule cheval - jument bœuf - vache

• 명사의 남성형 + e = 명사의 여성형

chat - chatte chien - chienne

3) 사물을 나타내는 명사

사물 또는 추상적 대상을 나타내는 명사의 성은 관례에 따라 정해짐.

남성명사	여성명사
livre	table
soleil	lune
pain	soupe
jour	nuit

4) 명사의 복수형

• 규칙 : 명사의 단수형 + s = 명사의 복수형

père - pères livre - livres

예외 -s, -x, -z : 단수형과 복수형은 동일

fils - fils, voix - voix, nez - nez

-al, -au → -aux

cheval - chevaux, tuyau - tuyaux (예외 : bal - bals)

-eu → -eux

jeu - jeux, cheveu - cheveux (예외 : bleu - bleus)

-ail → -aux, -ou → -oux

travail - travaux, bijou - bijoux

• 불규칙

œil - yeux madame - mesdames

② L'article(관사)

1) L'article indéfini(부정관사)

특정화 되지 않은 셀 수 있는 명사 앞에서 사용. '하나의', '몇몇의'라는 뜻을 지님.

	남성	여성
단수	un	une
복수	des	des

un garçon　　une fille

des pères　　des mères

J'ai un chat.

Voici une table.　　Voilà des bancs.

2) L'article défini(정관사)

특정화되거나 총체적인 의미를 나타내는 명사 앞에서 사용.

	남성	여성
단수	le(l')	la(l')
복수	les	les

le train　　la voiture

les autobus　　les bicyclettes

J'ai une montre.　　La montre est noire.

Voilà un livre. Le livre est à lui.

Ce sont les cahiers de Souji.

3 être 동사의 변화형과 구문

être			
je	suis	nous	sommes
tu	es	vous	êtes
il / elle	est	ils / elles	sont

Je suis français(e).

Il est étudiant.

Elle est belle.

Nous sommes dans la classe.

4 parler 동사의 변화형과 구문

parler			
je	parle	nous	parlons
tu	parles	vous	parlez
il / elle	parle	ils / elles	parlent

On parle français au Québec.

Nous parlons de l'amour. Ils parlent à une jeune fille.

5 소개문

- voici / voilà + 명사

화자 가까이 / 멀리 있는 사람이나 사물을 제시, 지시할 때 사용.

Voici mon ami, Youngsou.

Voilà un café.

• 인칭대명사는 voici 또는 voilà 앞에 위치.

Me voici !

Ah, te voilà !

⑥ Pays et nationalités(국가와 국적)

l'Allemagne	un Allemand / une Allemande
l'Angleterre	un Anglais / une Anglaise
l'Australie	un Australien / une Australienne
le Canada	un Canadien / une Canadienne
la Chine	un Chinois / une Chinoise
la Corée	un Coréen / une Coréenne
l'Espagne	un Espagnol / une Espagnole
les Étas-Unis	un Américain / une Américaine
la France	un Français / une Française
l'Italie	un Italien / une Italienne

예외 le Mozambique, le Mexique, le Cambodge, le Zimbabwe
(국가의 명칭은 어미가 e로 끝나는 국가는 대체로 여성의 나라)

le Mozambique	un Mozambicain / une Mozambicaine
le Mexique	un Mexicain / une Mexicaine
le Cambodge	un Cambodgien / une Cambodgienne
le Zimbabwe	un Zimbabwéen / une Zimbabwéenne

• Exercices •

1. 괄호 안에 알맞은 부정관사를 넣으시오.

   ① C'est ( ) table.

   ② J'ai ( ) amies à Londres.

   ③ Voici ( ) garçons.

   ④ Il travaille dans ( ) café.

2. 알맞은 정관사를 넣으시오.

   ① Elle est ( ) copine de Jean.

   ② Ce sont ( ) enfants de Madame Marceau.

   ③ Voilà ( ) mer.

   ④ Il est ( ) père de Michel.

3. 주어진 동사를 변화시켜 문장을 완성하시오.

   ① Vous ( ) espagnol ? (être)

   ② Elle ( ) italien. (parler)

   ③ On ( ) la pomme de Cheongsong. (aimer)

   ④ Ils ( ) au lycée. (entrer)

4. 알맞은 국적 명사를 넣으시오.

   ① Nous sommes coréens. Nous parlons ( ).

   ② Jean est ( ). Il parle français.

   ③ Elle est de Chine. Elle parle ( ).

   ④ Ils sont ( ). Ils parlent allemand.

5. 프랑스어로 옮기시오.

① 실례합니다 !

② 나는 전주를 좋아해요.

③ 그는 한국말을 잘 해요.

④ 참 좋은 생각이네.

• Civilisation •

폼텐블로 성(Le château de Fontainebleau)

파리의 남동쪽 약 60km 지점에 위치한 퐁텐블로 성은 1137년 루이 7세가 최초로 정착한 이후 1870년 나폴레옹 3세에 이르기까지 약 700년에 걸쳐 프랑스의 역대 왕들이 거주하던 장소이다. 프랑수아 1세는 이 궁전을 '새로운 로마'로 만들기 위해 이탈리아의 유명한 예술가들, 피오렌티노(Rosso Fiorentino), 프리마티치오(Francesco Primaticcio), 첼리니(Benvenuto Cellini)를 초빙하여 궁전을 확장하고 더욱 화려하게 장식하였다.

날개를 펴고 있는 황금독수리와 금도금으로 화려하게 장식된 정문은 나폴레옹 1세가 거처했던 궁전임을 짐작케 한다. 특히 이 성은 나폴레옹 1세가 1814년 엘바 섬으로 유배를 떠나며 황제 포기각서에 서명한 역사적인 장소이기도 하다. 루이 13세 때 완공된 말발굽 형태의 계단('백마의 뜰(Cour du Cheval Blanc)')은 나폴레옹 1세가 유배를 떠날 때 눈물바다가 된 곳이기에 '작별의 뜰(Cour des Adieux)'이라고도 불린다.

현재 퐁텐블로 성은 형태가 서로 다른 5개의 안뜰로 연결되어 있는데, 중국관, 나폴레옹 1세 박물관, 프랑수아 1세의 갤러리, 무도회장, 회의실로 분류된다. 정원 또한 역대 왕들의 특징이 살아 숨쉬는 곳으로 '디안의 정원', '영국정원', '화단', '공원' 등으로 아름답게 가꾸어져 있다.

Leçon 3

À la soirée d'un week-end

Marie : Qui est ce garçon ?

Pierre : C'est Michel. C'est l'ami de Jean. Il est journaliste. Il est intelligent et beau.

Marie : Qu'est-ce qu'il fait dans la vie, Jean ?

Pierre : Il est avocat. Ton amie Michelle, qu'est-ce qu'elle fait ?

Marie : Elle est danseuse. Elle donne souvent des spectacles à l'Opéra Garnier.

Elle est très célèbre ! Tu ne la connais pas ?

Pierre : Désolé. Je ne connais pas bien les artistes.

Marie : Ce n'est pas grave. Chacun son goût.

Pierre : Je veux aller voir un jour son spectacle si c'est possible.

Marie : C'est vrai ? Génial ! Je vais voir le programme.

Pierre : Merci, Marie ! Elle est vraiment belle, Michelle.

Marie : Tu es amoureux d'elle ? Elle est fiancée. C'est dommage !

Vocabulaire

ami(e), amoureux(se), artiste, avocat(e), beau(belle), célèbre, chacun(e), danseur(se), désolé(e), dommage, donner, fiancé(e), garçon, génial(e), goût, grave, intelligent(e), jour, journaliste, possible, programme, qui, si, soirée, spectacle, vouloir, vrai(e), vraiment

• Grammaire & Expressions •

1 faire 동사의 변화형과 구문

faire			
je	fais	nous	faisons
tu	fais	vous	faites
il / elle	fait	ils / elles	font

Il fait des études. Je fais la cuisine.

Ça fait dix euros. Deux et trois font cinq.

2 vouloir 동사의 변화형과 구문

vouloir			
je	veux	nous	voulons
tu	veux	vous	voulez
il / elle	veut	ils / elles	veulent

Qu'est-ce que vous voulez boire ? Je veux un café.

Tu veux un dessert ? Nous voulons être ici avec toi.

3 connaître 동사의 변화형과 구문

connaître			
je	connais	nous	connaissons
tu	connais	vous	connaissez
il / elle	connaît	ils / elles	connaissent

Je connais un bon médecin.

Elle connaît beaucoup de recettes.   Vous connaissez Paris ?

4 La phrase interrogative(의문문)

Tu es français ? (억양 의문문)

Est-ce que tu es français ? (est-ce que 의문문)

Es-tu français ? (도치 의문문)

• 의문사가 있는 경우

Vous allez où ?

Où est-ce que vous allez ?

Où allez-vous ?

Qui est-ce ?

C'est qui ?

Qu'est-ce que c'est ?

C'est quoi ?

5 Le pronom interrogatif(의문 대명사)

	사람	사물
주어	qui qui est-ce qui	qu'est-ce qui
직접목적보어	qui qui est-ce que	que qu'est-ce que

Qui est à la maison ? / Qui est-ce qui est à la maison ? (사람, 주어)

Qui aimes-tu ? / Qui est-ce que tu aimes ? (사람, 직접목적보어)

Qu'est-ce qui ne va pas ? (사물, 주어)

Que fais-tu ? / Qu'est-ce que tu fais ? (사물, 직접목적보어)

6 La phrase négative(부정문)

ne (n') + 동사 + pas

Je ne connais pas Michel. Je n'habite pas à Séoul.

Tu vas bien ? - Oui, je vais bien. / Non, je ne vais pas bien.

Il n'est pas gentil ? - Si, il est gentil. / Non, il n'est pas gentil.

7 Professions(직업)

un étudiant / une étudiante un employé / une employée

un chanteur / une chanteuse un acteur / une actrice

un cusinier / une cusinière un musicien / une musicienne

1) 남성형과 여성형이 동일한 경우

un journaliste / une journaliste un dentiste / une dentiste

2) 남성형만 있는 경우

un médecin un écrivain un ingénieur

• Exercices •

1. aller, être, faire 동사를 이용하여 문장을 완성하시오.

① Ils (   ) étudiants.

② Sophie (   ) la cuisine.

③ Comment ça (   ) ?

④ Vous (   ) américain ?

2. vouloir, connaître 동사를 이용하여 문장을 완성하시오.

① Elle (   ) un visa.

② Je ne (   ) pas la ville.

③ Tu (   ) les parents de Jean ?

④ Vous (   ) laisser un message ?

3. 의문 대명사(qui, que, qu'est-ce que...)를 이용하여 문장을 완성하시오.

① (   ) aimes-tu ? - J'aime Isabelle.

② (   ) c'est ? - C'est un ordinateur.

③ (   ) faites-vous ? - Je suis ingénieur.

④ (   ) est-ce ? - C'est Pierre, l'ami de Michel.

4. 부정문으로 고치시오.

① Paul aime le thé.

→ (   ).

② Ils sont coréens.

→ (   ).

③ Sophie habite à Paris.

→ (   ).

④ Je connais bien les artistes.

→ (   ).

5. 프랑스어로 옮기시오.

① 유감이다 !

---

② 사실이니 ?

---

③ 그녀는 무용수이다.

• Civilisation •

ORGANISATION INTERNATIONALE DE
la francophonie

프랑코포니(Francophonie)

프랑코포니는 1880년, 프랑스 지리학자 오네짐 르클뤼(**Onésime Reclus**)가 창안한 용어로 오늘날 2가지 의미로 사용된다.

francophonie : 프랑스어 및 프랑스어를 말하는 행위 (언어-문화-지리적 용어)

Francophonie : 프랑스어권 국가들의 국제기구 (정치-경제-외교적 용어)

현재 프랑코포니 국제기구(**Organisation internationale de la Francophonie**)에는 총 88개 국가 및 지역 (정회원국 54개 + 준회원국 7개 + 참관국 27개)이 속해 있다.

한국은 2016년부터 참관국으로 활동하고 있으며, 매년 3월 20일 '세계 프랑코포니의 날(Journée Internationale de la Francophonie)'을 기념하여 다양한 문화행사들을 개최한다.

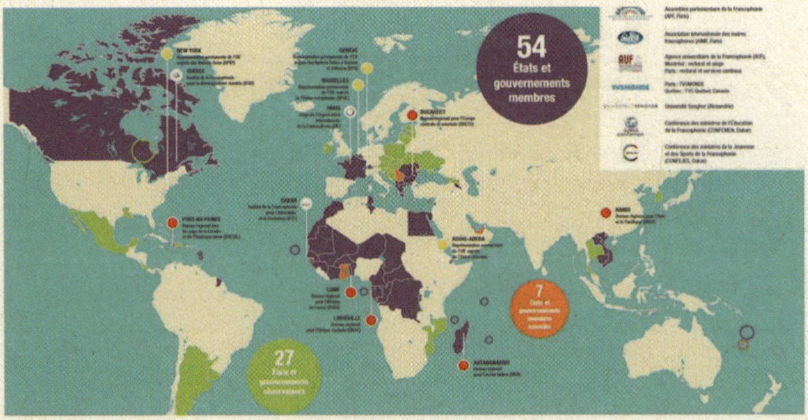

Leçon 4

Dans un café

Sophie : Bonjour, je m'appelle Sophie. Comment vous appelez-vous ?

Jean : Moi, je m'appelle Jean. Enchanté.

Sophie : Enchantée, Jean.

Jean : Qu'est-ce que vous voulez boire ?

Sophie : Je veux un café. Et vous ?

Jean : Moi, je prends un thé. J'aime le thé vert.

Sophie : Vous avez des frères et des sœurs ?

Jean : Oui, j'ai un frère et deux sœurs. Mon frère est lycéen.

Mes sœurs sont collégiennes. Elles ont 14 ans. Elles sont jumelles. Et vous ?

Sophie : Je suis fille unique. Mais j'ai trois cousins. Ils sont gentils avec moi.

Jean : Vous avez de la chance.

Sophie : C'est vrai. Je pense comme vous.

Vocabulaire

an, (s')appeler, avoir, boire, café, chance, collégien(ne), comme, enchanté(e), fille, frère, jumeau(elle), lycéen(ne), penser, sœur, thé, trois, unique, vert(e)

• Grammaire & Expressions •

1 avoir 동사의 변화형과 구문

avoir			
j'	ai	nous	avons
tu	as	vous	avez
il / elle	a	ils / elles	ont

J'ai rendez-vous à 16 heures.

Nous avons un examen. On a une réunion.

2 s'appeler 동사의 변화형과 구문

s'appeler			
je	m'appelle	nous	nous appelons
tu	t'appelles	vous	vous appelez
il / elle	s'appelle	ils / elles	s'appellent

Comment vous appelez-vous ? Je m'appelle Jean.

Elle s'appelle comment ? Elle s'appelle Sylvie.

3 prendre 동사의 변화형과 구문

prendre			
je	prends	nous	prenons
tu	prends	vous	prenez
il / elle	prend	ils / elles	prennent

Je prends un thé. Tu prends ton pull.

Il prend l'avion. Les étudiants prennent des cours de français.

④ L'adjectif qualificatif(품질형용사)

1) 품질형용사의 여성형

- 남성형 + e (원칙) : grand - grande intelligent - intelligente

  -e → 불변 : facile - facile sympathique - sympathique

  -er → -ère : cher - chère étranger - étrangère

  -x → -se : heureux - heureuse sérieux - sérieuse

  -f → -ve : actif - active sportif - sportive

  -en, -on → 끝자음 중복 + e : coréen - coréenne bon - bonne

- 불규칙 : beau - belle vieux - vieille

2) 품질형용사의 복수형

- 단수형 + s (원칙) : grand - grands petit - petits

  -s, -x → 불변 : gros - gros heureux - heureux

  -eau → eaux : beau - beaux jumeau - jumeaux

3) 품질형용사의 위치

- 원칙적으로 명사 뒤에 위치 (특히 국적, 색깔, 형태를 나타내는 형용사)

  une voiture confortable une maison moderne

  une fleur bleue un acteur français

• 음절이 짧고 자주 쓰이는 형용사는 명사 앞에 위치

un beau pays　un petit village

un bon gâteau　une jolie robe　une vieille dame

5 L'adjectif possessif(소유형용사)

수식하는 명사의 성·수에 따라 변화

남성단수	여성단수	복수
mon	ma	mes
ton	ta	tes
son	sa	ses
notre	notre	nos
votre	votre	vos
leur	leur	leurs

Je prends mon sac.　Tu connais son adresse ?

Tes amis sont gentils.　Nous avons besoin de leur aide.

• 모음 또는 무음 h로 시작하는 여성단수명사 앞에서는 ma, ta, sa 대신 mon, ton, son 사용 → mon école　ton idée　son habitude

6 Nombres(기수)

1 un(e)	2 deux	3 trois	4 quatre	5 cinq
6 six	7 sept	8 huit	9 neuf	10 dix
11 onze	12 douze	13 treize	14 quatorze	15 quinze
16 seize	17 dix-sept	18 dix-huit	19 dix-neuf	20 vingt

• Exercices •

1. avoir, s'appeler, prendre 동사를 이용하여 문장을 완성하시오.

① Ils (   ) l'avion.

② Je (   ) mon parapluie.

③ Ma copine (   ) Marie.

④ Nous (   ) un chien intelligent.

2. 주어진 형용사를 알맞은 형태로 넣으시오.

① Ils sont (   ). (grand)

② Vous avez une (   ) voiture. (beau)

③ Il y a des livres (   ). (intéressant)

④ Sylvie et Marie sont (   ). (heureux)

3. 알맞은 소유형용사를 골라 넣으시오.

① Voici (   ) père. (mon, ma, mes)

② Ils ont (   ) billets. (leur, leurs)

③ (   ) idée est excellente. (ton, ta, tes)

④ (   ) sœur est dentiste. (notre, nos)

⑤ Paul prend (   ) veste. (son, sa, ses)

4. 제시된 수를 프랑스어로 쓰시오.

① (   ) euros (15)

② (   ) étudiants (20)

③ (   ) chanteurs (4)

④ (   ) journalistes (6)

• Civilisation •

스트라스부르(Strasbourg)

샤모니(Chamonix)

툴루즈(Toulouse)

아비뇽(Avignon)

프랑스의 주요 지방도시들

- 스트라스부르(Strasbourg) : 라인 강변의 국경도시, 프티트 프랑스(Petite France), 유럽의회 소재지
- 샤모니(Chamonix) : 몽블랑(Mont-Blanc) 등반 기지, 최초의 동계 올림픽 개최지
- 툴루즈(Toulouse) : 우주 항공(에어버스, 아리안 로케트)의 고장, 장밋빛 벽돌-'장밋빛 도시'
- 아비뇽(Avignon) : 골-로마 시대의 유적과 교황청, 연극제의 고장

• 그라스(Grasse) : 꽃과 향수의 도시, 자스민 축제, 겨울 휴양지

• 리옹(Lyon) : 로마시대 골(Gaules)의 수도, 론 강과 손 강 사이 풍광지역, 빛의 축제

• 보르도(Bordeaux) : 세계적인 고급 포도주 생산지, 18세기 건물들과 호텔, 법의 고장

• 니스(Nice) : 코트 다쥐르(Côte d'Azur)의 중심지, 카니발의 전통, 유럽 최대의 휴양도시

그라스(Grasse)

리옹(Lyon)

보르도(Bordeaux)

니스(Nice)

• 칼레(Calais) : 백년전쟁의 최후 보루, 노블레스 오블리주(Noblesse Oblige)의 성지, 로댕의 <칼레의 시민>

• 렌(Rennes) : 브르타뉴의 중심도시, 전통 목조건물, 갈레트(galette)와 시드르(cidre)의 본고장

• 마르세유(Marseille) : 지중해 연안 프랑스 최대 항구도시, 자유도시의 전통, 프로방스의 민속문화

• 아를(Arles) : 반 고흐(Van Gogh)와 알퐁스 도데(Alphonse Daudet)의 예술적 고향, '프랑스의 로마'

칼레(Calais)

렌(Rennes)

마르세유(Marseille)

아를(Arles)

Leçon 5

Sur la Place Georges-Pompidou

Michel rencontre par hasard Anne au Forum des Halles.

Michel : Tiens ! Anne, qu'est-ce que tu fais ici ? Tu as un rendez-vous ?

Anne : Non, je vais au Centre Georges-Pompidou. Tu viens avec moi ?

Michel : Avec plaisir ! Il y a une exposition ?

Anne : On va voir les tableaux d'Henri Matisse.

Michel : J'aime beaucoup Matisse. Il est peintre, dessinateur, graveur et sculpteur.

Anne : Je le connais bien. C'est un grand artiste français.

Michel : Quel peintre tu préfères, toi ?

Anne: Moi, j'adore Niki de Saint Phalle. Elle est peintre, sculptrice et réalisatrice du cinéma. Elle est aussi française.

Michel : Ah, bon ? Je ne la connais pas.

Anne : Tu vois là-bas la fontaine Stravinsky.

Michel : Oui, c'est formidable ! Je la trouve très intéressante.

Anne : Niki est l'auteur de cette fontaine avec son mari.

Michel : Tu es très cultivée.

Anne : Merci, Michel. Allons-y !

Vocabulaire

adorer, auteur, avec, centre, cinéma, cultivé(e), dessinateur(trice), exposition, fontaine, forum, graveur(euse), hasard, halle, intéressant(e), là-bas, peintre, place, plaisir, préférer, réalisateur(trice), rencontrer, rendez-vous, sculpteur(trice), tableau, trouver, venir

• Grammaire & Expressions •

1 Les verbes du 1er groupe au présent (1군 동사 현재형)

동사원형의 어미가 -er로 끝나는 동사들 중 규칙적으로 변화하는 동사들

- 어간 : 동사원형에서 -er를 뺀 부분
- 현재형 어미 :

je	-e	nous	-ons
tu	-es	vous	-ez
il / elle	-e	ils / elles	-ent

주요 1군 동사 변화형

aimer	adorer	chercher	trouver
j'aime	j'adore	je cherche	je trouve
tu aimes	tu adores	tu cherches	tu trouves
il / elle aime	il / elle adore	il / elle cherche	il / elle trouve
nous aimons	nous adorons	nous cherchons	nous trouvons
vous aimez	vous adorez	vous cherchez	vous trouvez
ils / elles aiment	ils / elles adorent	ils / elles cherchent	ils / elles trouvent

J'aime les macarons. Elles adorent K-pop.

Nous cherchons un travail. Je trouve le livre intéressant.

1군 동사의 변칙

- 1, 2, 3인칭 단수와 3인칭 복수에서 é → è로 변화
- 1인칭 복수에서 g → ge로 변화
- 1인칭 복수에서 c → ç로 변화

préférer	voyager	commencer
je préfère tu préfères il / elle préfère nous préférons vous préférez ils / elles préfèrent	je voyage tu voyages il / elle voyage nous voyageons vous voyagez ils / elles voyagent	je commence tu comences il / elle commence nous commençons vous commencez ils / elles commencent

Il préfère la ville à la campagne.

Tu voyages à pied ?

Nous commençons la classe à 9 heures.

2 aller + 동사원형

가까운 미래의 일을 표현

Il va partir tout de suite.

Je vais prendre des vacances.

On va voir.

3 L'adjectif interrogatif(의문형용사)

	남성	여성
단수	quel	quelle
복수	quels	quelles

• 명사 앞에서 의문을 나타냄.

Quelle fleur aime-t-il ?

Quels genres de films préférez-vous ?

• 속사로 사용

Quel est ton acteur préféré ?

Quelle est votre nationalité ?

④ Les pronoms compléments d'objet directs(직접목적보어 대명사)

• 사람 혹은 사물의 명사를 대신하며 동사의 앞에 위치, 인칭에 따라 변화

인칭	단수	복수
1	me(m')	nous
2	te(t')	vous
3	le(l') / la(l')	les

Je lis **une lettre**. → Je **la** lis.

Tu cherches **Paul**. → Tu **le** cherches.

Pierre regarde **Anna et moi**. → Pierre **nous** regarde.

• 부정문은 직접목적보어 대명사와 동사를 포괄하여 ne(n') ~ pas 사용

Je ne le fais pas.

Tu ne m'aimes pas.

⑤ avoir (un) rendez-vous(약속이 있다)

Mon ami a un rendez-vous.

J'ai rendez-vous avec Michel.(명확한 인물과 함께 쓰일 때 관사없이 사용)

• Exercices •

1. 적당한 의문형용사를 넣으시오.

① (   ) fleurs aimez-vous ?

② (   ) bus tu prends pour aller à la fac ?

③ (   ) sont leurs bagages ?

④ À (   ) heure arrive l'avion pour Paris ?

2. 밑줄 친 부분을 직접목적보어 대명사로 바꿔 문장을 다시 쓰시오.

① Ma famille aime <u>cette chambre.</u>

② J'attends <u>mes amis</u> au café de Flore.

③ Elle ne trouve pas <u>son collier</u> dans la piscine.

④ Nous regardons <u>la télévision</u> tous les jours.

3. 주어진 동사를 사용하여 문장을 완성하시오.

① Tu (   ) à Paris ? (habiter)

② Vous ne (   ) pas Théo. (aimer)

③ Il (   ) aujourd'hui ? (travailler)

④ Je (   ) Monsieur Moon. (adorer)

4. 프랑스어로 옮기시오.

① 가자 !

② 난 약속이 있어요.

③ 나는 그와 얘기를 해.

④ 그녀는 이 커피숍에서 일해요.

• Civilisation •

루브르 박물관(Musée du Louvre)

프랑스의 3대 박물관

루브르 박물관(Musée du Louvre), 오르세 박물관(Musée d'Orsay), 퐁피두 센터(Centre Georges-Pompidou)는 프랑스를 대표하는 3대 박물관이다.

중세의 요새였던 루브르는 프랑수아 1세와 그의 뒤를 이은 역대 왕들을 거쳐 르네상스 양식의 웅장한 궁전으로 재탄생한다. 프랑스 혁명 이후, 시민들이 평등하게 교육과 문화를 향유할 수 있는 박물관으로 최초로 공개되며, 나폴레옹 1세에 의해 세계 최고의 박물관으로 거듭난다. 또한 20세기, 프랑수아 미테랑 대통령의 '대 루브르 계획'하에 건축가 이오 밍 페이(Ieoh Ming Pei)가 설계한 유리 피라미드와 더불어 옛 루브르의 가치가 부각되었다.

센 강을 사이에 두고 루브르와 튈르리 정원 맞은편에 위치한 오르세 박물관은 19세기 후반에 유행했던 아르누보 양식의 건물로 인상주의 작품의 보고이다. 1900년 파리 만국박람회 당시 기차역이었던 이곳은 미술의 요람으로 새롭게 재탄생되었다.

퐁피두 센터는 파리에서 가장 오래된 보부르 광장에 위치한 현대문화예술의 대명사이다. 전통 건축의 개념에서 벗어나 소통의 상징성을 보여준다.

오르세 박물관(Musée d'Orsay)

퐁피두 센터(Centre Georges-Pompidou)

Leçon 6

Souji invite son ami Pierre chez elle

Souji : Bonjour, Pierre. Bienvenue chez moi. Je te montre d'abord ma chambre.

Pierre : Ta chambre est jolie et claire. Qui est cet homme sur la photo ?

Souji : C'est mon oncle. À côté de lui, il y a mon frère.

Pierre : Est-ce que ton oncle vit avec ta famille ?

Souji : Oui, il habite avec nous. Il est étudiant en troisième année de l'université.

Pierre : Qu'est-ce qu'il y a devant ces fauteuils ?

Souji : C'est la bibliothèque de mon père. Il aime les livres.

Pierre : Il est professeur ?

Souji : Non, il est ingénieur.

Pierre : Il travaille où ?

Souji : Il travaille chez LG. Son bureau n'est pas loin d'ici.

Pierre : Oh ! J'ai beaucoup de produits de LG chez moi. Ils sont solides et efficaces.

Souji : Pierre, nous préparons ensemble du gâteau. D'accord ?

Pierre : Je t'aide. Mais je ne sais pas bien faire du gâteau.

Souji : Aujourd'hui, c'est l'anniversaire de ma mère.

Pierre : Ah, j'ai compris. Elle travaille aussi, ta mère ?

Souji : Oui, elle travaille dans une école maternelle. Elle rentre à 18 heures le soir.

Pierre : Je t'admire. Tu es une bonne fille !

Vocabulaire

admirer, aider, année, anniversaire, bibliothèque, bienvenu(e), bureau, clair(e), d'abord, (d')accord, efficace, famille, fauteuil, gâteau, ingénieur, maternel(le), mère, oncle, père, préparer, produit, rentrer, solide, troisième, université

① vivre 동사의 변화형과 구문

vivre			
je	vis	nous	vivons
tu	vis	vous	vivez
il/elle	vit	ils/elles	vivent

Je vis loin de chez mes parents.

Mme Bovary vit de fantasmes.

Paul et Sophie vivent leur vie.

② L'adjectif démonstratif(지시형용사)

1) 형태

	남성	여성
단수	ce / cet	cette
복수	ces	ces

☞ 모음 또는 무음 h로 시작하는 남성명사의 단수형 앞에서 'cet' 사용.

ce livre	cet enfant	cet homme	cette fille
ces livres	ces enfants	ces hommes	ces filles

2) 용법

• 화제에 오른 사람 또는 사물을 '이, 저, 그'로 지시

Ce jardin s'appelle Tuileries.

Cet arbre est là depuis 1886.

J'aime ces tableaux.

• 가까운 시간 또는 현재 흐르고 있는 시간을 지시

Ce matin, je vais chez mes parents.

Cet été, on va aller en France.

Cette semaine, il y a beaucoup de choses à faire pour moi.

3 L'adverbe interrogatif(의문부사) : Où

Où allez-vous ? - Je vais au cinéma.

La clef, c'est où ? - Elle est dans le tiroir.

D'où vient-il ? - Il est coréen.

4 L'article contracté(축약 관사)

de + le = du

de + les = des

à + le = au

à + les = aux

5 Les prépositions de lieu(장소전치사)

1) à

• à + 도시명

Je suis à Paris.

Ils habitent à Séoul.

주의 Elle va à Cuba.

• au + 남성 단수 명사 또는 국가명

On a rendez-vous au restaurant 〈Chez Bonappétit〉 à 12 heures.

Elle va au Brésil pour pratiquer le portugais.

• à la + 여성 단수 명사

J'ai envie d'aller à la campagne.

Tu dois aller à la mairie.

• à l' + 모음 또는 무음 h로 시작하는 남성 또는 여성 단수명사

Mes enfants sont toujours à l'école.

Je suis à l'hôpital depuis une semaine.

• en + 여성 단수 국가 또는 모음이나 무음 h로 시작하는 남성 단수 국가 및 대륙

Il habite en France.

Elle va en Iran.

Je vais en Europe.

• aux + 복수 명사 또는 복수 국가명

J'ai besoin d'aller aux toilettes.

Ils vont aux Pays-Bas pour visiter le musée Van Gogh.

2) de

- de + 도시명 또는 자음으로 시작하는 여성 단수 국가명

  Il est originaire de Lyon et sa femme vient de Chine.

  BTS vient de Corée.

- du + 남성 단수 명사 또는 국가명

  Il rentre du bureau vers 19 heures.

  Elle vient du Portugal.

- de la + 여성 단수 명사

  Je pars de la bibliothèque.

- de l' + 모음 또는 무음 h로 시작하는 단수명사

  Les enfants sortent de l'école à 16 heures.

- d' + 모음으로 시작하는 단수 국가

  Elle vient d'Italie et son mari vient d'Écosse.

- des + 복수 명사 또는 복수 국가명

  Ils sortent des toilettes.

  Elles viennent des États-Unis.

3) chez + 사람

- chez + 강세형 인칭대명사

chez moi (toi, lui, elle, nous, vous, eux, elles)

Chez	le boulanger	la boulangère	À	la boulangerie
	le boucher	la bouchère		la boucherie
	l'épicier	l'épicière		l'épicerie
	le pharmacien	la pharmacienne		la pharmacie
	le poissonnier	la poissonnière		la poissonnerie

4) 그 밖의 다른 전치사

loin de, près de, à côté de

dans, sur, sous

devant, derrière

• Exercices •

1. 주어진 동사를 이용하여 문장을 완성하시오

① Je ne (   ) pas un grand repas. (préparer)

② Il (   ) près de chez elle. (vivre)

③ Vous (   ) nager ? (savoir)

④ Nous (   ) le jardin du château de Fontainebleau. (admirer)

2. 다음과 같은 대답이 나오도록 의문사를 사용하여 문장을 만드시오.

① (   ) ? - Nous allons à Paris.

② (   ) ? - Je suis dans un café.

③ (   ) ? - Le cinéma est près de chez moi.

④ (   ) ? - Il est italien.

3. 다음 약도를 보고 알맞은 장소 전치사를 넣으시오.

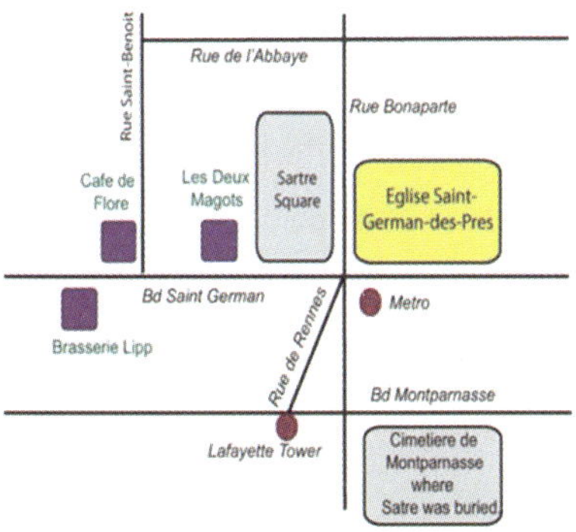

① Où est l'Église Saint-Germain-des-Près ?

- Elle est (   ) le Square Sartre.

② Le café <Les Deux Magots> est (   ) Église.

③ Le café de Flore est (   ) café < Les Deux Magots>.

④ Brasserie Lipp est (   ) café de Flore.

4. 프랑스어로 옮기시오.

① 오늘은 내 엄마의 생신날이야.

....

② 내 여자 친구 소피(Sophie)를 소개할게요.

....

③ 그가 나를 그의 집에 초대했어.

....

④ 나는 폴(Paul)이 어디 있는지 몰라.

....

• Civilisation •

소르본 대학

프랑스의 교육제도(Le système scolaire)

유치원 (L’ćcolc matcrncllc)	petite section(영유아반) moyenne section(중급반) grande section(고급반)	3-5세	un élève unc ćlèvc
초등학교 (L’école primaire)	예비과정 CP(Cours préparatoire) 기초과정1년 CE 1(Cours élémentaire 1) 기초과정2년 CE 2(Cours élémentaire 2) 중급과정1년 CM 1(Cours moyen 1) 중급과정2년 CM 2(Cours moyen 2)	6세 7세 8세 9세 10세	un élève une élève
중학교 (Le collège)	6학년 6e(Sixième) 5학년 5e(Cinquième) 4학년 4e(Quatrième) 3학년 3e(Troisième)	11세 12세 13세 14세	un élève une élève / un collégien une collégienne
고등학교 (Le lycée)	2학년 2nde(Seconde) 1학년 1ère(Première) 테르미날 Terminale	15세 16세 17세	un(e) élève / un lycéen une lycéenne
바칼로레아 (baccalauréat)			
대학교 (L’université)	학사 Licence 석사 Master 박사 Doctorat		un étudiant une étudiante

Leçon 7

Sur le Pont Neuf

Jonsou : Il fait beau aujourd'hui.

Michelle : Il va faire beau demain aussi.

Jonsou : Nous allons demain au café 〈Les deux magots〉 ?

Michelle : Bonne idée ! En plus, demain c'est samedi.

Jonsou : À quelle heure ? Dans l'après-midi ou au soir ?

Michelle : Comme tu veux. Tu as ton devoir pour le cours de français, non ?

Jonsou : Si, mais pas beaucoup. Je peux finir mon devoir dans la matinée.

Michelle : Parfait ! Alors, à 15 heures et demie, ça va ?

Jonsou : D'accord. Je suis content de te voir demain.

Michelle : Moi aussi. Mais s'il pleut, je préfère rester à la maison.

Jonsou : Je suis d'accord avec toi.

Michelle : S'il pleut demain, je t'invite chez moi et je te fais la cuisine française.

Jonsou : Merci. Tu es vraiment aimable. Je t'apporte du gâteau coréen.

Michelle : Je t'appelle demain vers 14 heures. À demain ! Bonne soirée !

Jonsou : Tchao ! Bonne soirée !

Vocabulaire

aimable, alors, apporter, après-midi, tchao, content(e), cours, cuisine, demi(e), devoir, finir, maison, matinée, neuf(ve), pleuvoir, plus, pont, pour, pouvoir, rester, samedi, soir, vers

1 pouvoir 동사의 변화형과 구문

pouvoir			
je	peux	nous	pouvons
tu	peux	vous	pouvez
il / elle	peut	ils / elles	peuvent

Je peux entrer ?　　Vous pouvez m'aider ?

Tu peux déjeuner avec moi ?

2 Les verbes du 2e groupe au présent(2군 동사 현재형)

동사원형의 어미가 -ir로 끝나는 동사들 중 규칙적으로 변화하는 동사들

- 어간 : 동사원형에서 -ir를 뺀 부분
- 현재형 어미 :

je	-is	nous	-issons
tu	-is	vous	-issez
il / elle	-it	ils / elles	-issent

주요 2군 동사 변화형

choisir	finir	réussir	réfléchir
je choisis	je finis	je réussis	je réfléchis
tu choisis	tu finis	tu réussis	tu réfléchis
il / elle choisit	il / elle finit	il / elle réussit	il / elle réfléchit
nous choisissons	nous finissons	nous réussissons	nous réfléchissons
vous choisissez	vous finissez	vous réussissez	vous réfléchissez
ils / elles choisissent	ils / elles finissent	ils / elles réussissent	ils / elles réfléchissent

Je finis mon devoir. Il réussit à l'examen.

Ils choisissent leur chef. Vous réfléchissez avant de répondre.

③ Heure(시간)

Quelle heure est-il ? Vous avez l'heure ?

- - Il est + 시각

Il est une heure. Il est deux heures dix.

- 15분, 30분

Il est onze heures et quart. (= quinze)

Il est trois heures et demie. (= trente)

- ~분 전

Il est six heures moins cinq. Il est cinq heures moins le quart.

- 정오, 자정

Il est midi. Il est minuit.

- 오전, 오후, 저녁

Il est six heures du matin.

Il est quatre heures de l'après-midi.

Il est huit heures du soir.

④ Jours de la semaine(요일) / date(날짜)

- 요일

lundi, mardi, mercredi, jeudi, vendredi, samedi, dimanche

Quel jour est-ce aujourd'hui ? / Quel jour sommes-nous aujourd'hui ?

C'est lundi. / Nous sommes lundi.

- 날짜

le + (요일) + 기수 + 월

Quelle date est-ce aujourd'hui ? / Nous sommes le combien aujourd'hui ?

C'est le (mardi) deux mai. / Nous sommes le 2 mai.

5 Nombres(기수)

20 vingt	21 vingt et un	22 vingt-deux	29 vingt-neuf
30 trente	31 trente et un	32 trente-deux	39 trente-neuf
40 quarante	41 quarante et un	42 quarante-deux	49 quarante-neuf
50 cinquante	51 cinquante et un	52 cinquante-deux	59 cinquante-neuf
60 soixante	61 soixante et un	62 soixante-deux	69 soixante-neuf
70 soixante-dix	71 soixante et onze	72 soixante-douze	79 soixante-dix-neuf
80 quatre-vingts	81 quatre-vingt-un	82 quatre-vingt-deux	89 quatre-vingt-neuf
90 quatre-vingt-dix	91 quatre-vingt-onze	92 quatre-vingt-douze	99 quatre-vingt-dix-neuf

- vingt(20)과 cent(100)의 배수는 s를 붙이나, 뒤에 다른 숫자가 오면 s 생략

quatre-vingts, quatre-vingt-sept

cent / deux cents / trois cent six

- mille(1,000)은 불변

dix mille / cent mille

- million(100만)과 milliard(10억)는 수 형용사가 아닌 명사이므로, 뒤에 명사가 올 경우 de를 수반

un million → deux millions de personnes

un milliard → trois milliards d'euros

• Exercices •

1. pouvoir 동사를 이용하여 문장을 완성하시오.

① Vous ( ) répéter ?

② Tu ( ) m'accompagner ?

③ Sylvie ne ( ) pas rester ici.

2. 주어진 동사를 이용하여 문장을 완성하시오.

① Tu ( ) ton cours ? (finir)

② Nous ( ) ce sujet. (choisir)

③ On ( ) ce chanteur. (applaudir)

④ Mes parents ( ) longuement. (réfléchir)

3. 우리말 의미에 맞게 알맞은 프랑스어를 넣으시오.

① 몇 시입니까 ? ( ) heure est-il ?

② 내일은 일요일이다. Demain, c'est ( ).

③ 10시 30분이다. Il est dix heures et ( ).

④ 7시 15분 전이다. Il est sept heures ( ) le quart.

4. 제시된 수를 프랑스어로 쓰시오.

① 82 ( )

② 64 ( )

③ 602 ( )

④ 2020 ( )

5. 프랑스어로 옮기시오.

① 나도 너와 동감이다.

② 너를 나의 집에 초대할게.

③ 너에게 프랑스 요리를 해줄게.

• Civilisation •

프랑스의 카페(café)

프랑스에서 카페는 17세기 중반부터 출현했으며, 18세기에 이미 파리에만도 300여 개의 카페가 있었다. 그 중에서도 1686년에 파리의 생제르맹 근처에 문을 연 '르 프로코프(Le Procope)'는 오늘날에도 여전히 인기 있는 유서 깊은 카페이다. 이 곳은 특히 18세기에 계몽주의 학자들(디드로, 루소, 볼테르 등)의 주요 토론 장소이자 파리 시민들의 중요한 정보원으로서 프랑스 대혁명의 온상이 되기도 했다.

'레 되 마고(Les Deux Magots)' 또한 생제르맹데프레에 위치한 파리의 오래된 카페들 중 하나이다. 1885년에 문을 연 이 곳은 19-20세기에 많은 문인들(베를렌, 랭보, 사르트르, 보부아르, 카뮈, 헤밍웨이 등)과 예술가들(피카소, 브라크, 브르통 등)이 자주 이용했던 곳이다. 이 카페는 토론 장소로 뿐만 아니라 창작 장소로도 각광을 받았고, 현대문학의 발상지 중 하나로 평가되기도 한다. 또한 1993년부터 '문학상'을 제정하여 새로운 작가를 발굴하는 데에도 꾸준히 노력을 기울이고 있다.

생제르맹 거리에 위치한 또 다른 유명 카페로는 1887년에 개점한 '카페 드 플로르(Café de Flore)'가 있다. 이 곳은 특히 20세기 초에 아폴리네르와 더불어 초현실주의자들의 주된 모임 공간이었고, 사르트르와 같은 실존주의자들에게도 지적 교류를 위한 최적의 장소였다.

'프랑스 한림원'이라는 뜻을 가진 '라 쿠폴(La Coupole)'은 파리 14구, 몽파르나스 지역에 위치해 있다. 1927년에 문을 연 이 곳은 20세기 초, 몽마르트르에서 이주해온 많은 예술가들의 새로운 안식처가 되었다. 본래 석탄창고였던 곳을 개조해서 만들었는데, 특히 독특한 실내장식은 32명의 예술가들에 의해 탄생했다. 안쪽 벽면에는 피카소, 샤갈, 자코메티, 달리, 헤밍웨이 등 많은 예술가들의 사진이 전시되어 있다. 해마다 정기적으로 미술 전시회와 연주회도 개최된다.

La Coupole
LA COUPOLE

Les Deux Magots

Café de Flore
CAFE DE FLORE

CAFE PROCOPE TENU PAR ZOPPI

LES DEUX MAGOTS

Leçon 8

Dans un restaurant

Isabelle : Me voilà, Mina.

Mina : Ah, salut, Isabelle. Tu es là !

Isabelle : Sophie n'est pas là encore ? Je lui téléphone maintenant.

Mina : Elle ne peut pas venir. Elle est malade.

Isabelle : Dommage ! Ici, c'est un bon restaurant. On mange bien.

Mina : Tu sais, Isabelle, je ne mange pas de viande sauf du poulet.

Isabelle : Ah, bon ? Tu ne manges pas non plus de poisson ?

Mina : Si, j'aime le poisson.

Isabelle : Tu as de la chance. Ce restaurant est célèbre pour le poisson.
On commande notre plat. Monsieur, s'il vous plaît !

Garçon : Alors, ça y est ? Que désirez-vous ?

Isabelle : Je prends le menu d'aujourd'hui avec de la viande.

Garçon : Quelle cuisson ?

Isabelle : Saignante, s'il vous plaît.

Mina : Moi, je choisis le menu comme elle mais avec du poisson.

Garçon : Très bien. Voulez-vous du vin ?

Isabelle et Mina : Non merci.

Isabelle : Juste une carafe d'eau, s'il vous plaît.

Mina : Monsieur, une salade niçoise pour nous deux.

Garçon : Vous avez raison. Nos salades sont très fraîches ! Et elles sont bonnes !

Vocabulaire

carafe, commander, cuisson, désirer, frais(fraîche), juste, maintenant, malade, manger, menu, niçois(e), plaire, plat, poisson, poulet, raison, restaurant, salade, saignant(e), sauf, viande, vin

• Grammaire & Expressions •

1 L'article partitif(부분관사)

	남성	여성
단수	du, de l'	de la, de l'
복수	des	des

• 불명확한 양을 가리킬 때

J'achète du lait, de la viande, de l'huile et des légumes.

• 부분을 지칭할 때 부분관사, 전체를 지칭할 때 정관사

Je voudrais du poisson.

Il boit dc l'cau.

(주의 J'aime le poisson.)

• 셀 수 없는 명사 앞

J'ai du courage et de la chance.

Tu as de la fièvre

• des는 부정관사(un 또는 une의 복수)이거나 또는 부분관사

Elle mange des légumes.

Il y a des tomates dans cette boîte.

• 수량, 정도를 표현할 때 관사 생략한 de 사용

Je voudrais un kilo de viande.

Mon oncle a beaucoup d'argent à Paris.

Voulez-vous un peu de sucre ?

② 〈de〉 dans la négation(부정문에서의 관사 de)

타동사의 직접목적보어 또는 il y a 구문에서 부정/부분관사는 부정문에서 de로 바뀜.

Je n'achète pas de poisson.

Tu n'as plus de fièvre.

Il n'y a pas de fruits.

주의 단, être 동사와 함께 쓰일 때 변화하지 않음.

Je ne suis pas une idiote.

Ce n'est pas un enfant.

Ce n'est pas du vin.

③ Les pronoms compléments d'objet indirects(간접목적보어 대명사)

인칭	단수	복수
1	me(m')	nous
2	te(t')	vous
3	lui	leur

• 전치사 à를 수반하는 명사를 대신.

Je lui donne un cadeau. (à mon père)

On leur téléphone pour prendre rendez-vous ? (à Pierre et à Marie)

• 3인칭 단수, 복수 대명사를 제외한 간접보어 및 직접보어 대명사는 동일.

• 전치사 à와 함께 쓰는 전달동사

parler à, demander à, répondre à, dire à, expliquer à, raconter à, téléphoner à, donner à, offrir à, prêter à, apporter à, vendre à, acheter à, écrire à

• 간접보어 대명사와 구성되는 일반동사

Cette robe me plaît. (plaire à)

Le violet lui va bien. (aller à)

주의 Il pense à elle. ('penser à'는 강세형 인칭대명사 수반)

④ avoir + 무관사명사

j'ai faim tu as soif il a chaud nous avons peur (de) vous avez sommeil ils ont froid	j'ai envie de tu as besoin de	j'ai raison tu as tort

⑤ ça y est !

Ça y est ! On est arrivé !

Ça y est ! J'ai finalement compris !

Ça y est ! Ça marche !

• Exercices •

1. 알맞은 부분관사 (du, de la, de l', des)를 넣으시오.

① On mange (   ) choucroute en Alsace.

② Elle achète (   ) légumes au marché.

③ Je veux boire (   ) eau minérale.

④ Vous voulez prendre (   ) poisson ?

2. 알맞은 간접목적보어를 사용하여 문장을 완성하시오.

① Tu parles à Paul et à Marie ?

- Oui, je (   ) parle.

② Vous devez (   ) expliquer. (elle)

③ Tu donnes un ticket de métro à Pierre ?

- Oui, je (   ) donne un ticket de métro.

④ Vous me téléphonez ?

- Oui, je (   ) téléphone.

3. 알맞은 목적보어대명사를 선택하여 문장을 완성하시오.

① Je (   ) appelle ce soir. (le / lui)

② Tu ne (   ) connais pas. (les / leur)

③ Nous ne (   ) disons pas toujours la vérité. (les / leur)

④ Pourquoi ne (   ) réponds-tu pas ? (la / lui)

4. 프랑스어로 옮기시오.

① 너는 운이 좋구나 !

② 다 됐어 !

③ 난 배가 고파.

④ 너는 생선을 먹지 않니 ?

• **Civilisation** •

프랑스의 미식문화(La gastronomie française)

프랑스 요리에는 각 지역의 다채로운 풍경이 담겨있다.

- 남동쪽의 지중해식 요리 : 라타투이(ratatouille)와 부이야베스(bouillabaisse)
- 남동쪽 리옹(Lyon)의 진미 : 푸아그라(foies gras)와
  마그레 드 카나르(magrets de canard)
- 동쪽의 따뜻한 요리 : 슈크루트(choucroute)와 소시지(saucisse)
- 서쪽의 브르타뉴 요리 : 크레프(crêpe)와 해산물(fruits de mer)
- 노르망디 : 크렘 프레슈(crème fraîche)와 사과(pomme)
- 특별음식 : 부르고뉴의 에스카르고(escargot)

프랑스 요리(La cuisine française)

• 니스(Nice), 니수아즈 샐러드(salade niçoise)

집집마다 갖고 있는 재료로 만들어 맛이 다양한데, 특히 토마토, 멸치, 올리브유가 주재료이다. 여러 가지 채소와 삶은 달걀, 쌀 그리고 참치 등이 곁들어져 더욱 풍미가 좋은 샐러드이다.

• 마르세유(Marseille), 부이야베스(bouillabaisse)

프랑스 남부 연안 도시 마르세유에서 유래한 전통적인 생선 스튜이다. 다양한 종류의 생선과 조개류, 채소 그리고 향신료를 곁들여 요리한다. 다양하고 신선한 해산물이 국물의 깊은 맛을 결정한다.

• **부르고뉴**(Bourgogne), **에스카르고**(Escargot)

프랑스의 대표적인 요리 중 하나로 부르고뉴의 전통요리이다. 포도의 명산지인 부르고뉴의 포도밭에 서식하던 달팽이를 끓는 물에 데쳐 마늘과 버터 그리고 파슬리를 곁들여 오븐에 구운 요리이다.

• **알자스**(Alsace), **슈크루트**(choucroute)

스트라스부르(Strasbourg)와 뮐루즈(Mulhouse)의 대표적인 대중요리로 양배추를 주재료로 다양한 종류의 소시지, 훈제 돼지고기, 감자 등이 곁들여진다. 이 지방에서 생산되는 와인, 리슬링과 음미하면 맛이 배가된다.

• **로렌**(Lorraine), **키슈**(quiche)

프랑스인들이 일상에서 가장 즐겨 먹는 음식 중의 하나로 로렌 지방을 대표하는 음식이다. 월계수, 생크림, 달걀을 한데 섞어 만드는 음식으로 한끼 식사 대용으로도 충분하다.

Leçon 9

Sangui et Sophie vont à Nice

Sophie : Salut, Sangui. Quel beau temps !

Sangui : Nous sommes en hiver. Mais il fait doux avec le soleil.

Sophie : Comme je suis heureuse ! À Nice, nous allons voir le Carnaval.

Sangui : Vite ! Notre train arrive.

Sophie : Nos places sont au deuxième wagon. Nous voyageons en seconde classe.

Sangui : Le train part tout de suite. Heureusement, nous ne sommes pas en retard.

Sophie : Ce TGV est très rapide. Il roule à 350 kilomètres.

Sangui : C'est impressionnant. Quelle vitesse !

Sophie : Vous avez aussi le KTX en Corée, n'est-ce pas ?

Sangui : Bien sûr. Le KTX est aussi très rapide et confortable.

Sophie : Zut ! Regarde ! Il commence à pleuvoir.

Sangui : Oh, non ! C'est pas possible !

Sophie : Le temps est changeant. À Nice, il fait un temps agréable.

Sangui : J'espère. Nous arrivons dans deux heures à Nice.

Vocabulaire

agréable, arriver, changeant(e), classe, commencer, confortable, deuxième, doux(ce), espérer, heureusement, hiver, impressionnant(e), kilomètre, partir, rapide, regarder, retard, rouler, second(e), soleil, suite, sûr(e), temps, tout(e), train, vite, vitesse, voyager, wagon

• Grammaire & Expressions •

① La phrase exclamative(감탄문)

• Quel + 명사 !

Quel bonheur ! Quel beau temps !

Quelle chance ! Quelle bonne idée !

• Que / Comme / Combien + 평서문 !

Que vous êtes gentil ! Qu'il fait beau ! Comme elle est belle !

Comme je suis heureux ! Combien il souffre pour tout ça !

② La construction impersonnelle(비인칭 구문)

• 날씨 표현

Quel temps fait-il ?

Il fait beau. Il fait doux. Il fait chaud. Il fait du soleil. Il fait du vent.

Il pleut. Il neige. Il tonne. Il fait 20 degrés. Il gèle.

③ Quatre saisons(사계절)

le printemps, l'été, l'automne, l'hiver

C'est le printemps.

Au printemps, il fait doux. En été, il fait chaud.

En automne, il fait frais. En hiver, il fait froid.

④ Douze mois(열두 달)

janvier, février, mars, avril, mai, juin, juillet, août, septembre, octobre, novembre, décembre

(En) quel mois sommes-nous ?

Nous sommes en mai. / On est au mois de septembre.

5 Nombres ordinaux(서수)

1er premier/première	11e onzième
2e deuxième [second/seconde]	12e douzième
3e troisième	13e treizième
4e quatrième	14e quatorzième
5e cinquième	15e quinzième
6e sixième	16e seizième
7e septième	17e dix-septième
8e huitième	18e dix-huitième
9e neuvième	19e dix-neuvième
10e dixième	20e vingtième

• 기수 + - ième

troisième, sixième, huitième

Mon studio est au troisième étage.

• 약간의 변화가 있는 경우

quatre → quatrième, cinq → cinquième, neuf → neuvième

• 특수한 경우

un → premier / première, deux → deuxième 또는 second / seconde

C'est le premier mars.

Je suis étudiant en deuxième année.

Il voyage en seconde classe.

• Exercices •

1. 보기와 같이 감탄문 문장으로 바꾸시오.

보기	C'est un grand écrivain. → Quel grand écrivain !

① C'est une belle vue.

→ ( ) !

② C'est un gentil garçon.

→ ( ) !

③ Ce sont des livres intéressants.

→ ( ) !

2. 보기와 같이 감탄문 문장으로 바꾸시오.

보기	Il fait chaud. (Que) → Qu'il fait chaud !

① Tu es mignon. (Que)

→ ( ) !

② Ils sont gentils. (Que)

→ ( ) !

③ Le temps passe vite. (Comme)

→ ( ) !

3. être, avoir, faire 동사를 이용하여 문장을 완성하시오.

① Il ( ) doux.

② Il ( ) 30 degrés.

③ Nous (　　　　　) en juin.

④ Il y (　　　　　) du soleil.

4. 제시된 수를 프랑스어로 쓰시오.

① C'est le (　　　　　　) avril. (1er)

② J'habite au (　　　　　　) étage. (5e)

③ Il voyage en (　　　　　　) classe. (2e)

④ Nous habitons dans le (　　　　　　) arrondissement. (9e)

5. 프랑스어로 옮기시오.

① 나는 늦지 않았다.

② 비가 오기 시작한다.

③ 우리는 2등칸으로 여행한다.

프랑스의 축제들(Fêtes françaises)

• 음악축제(Fête de la musique)

1981년 당시 문화부 장관 자크 랑(Jack Lang)에 의해 제정되어 1982년 6월 21일 파리에서 처음 개최된 축제이다. 2011년에 이르러 유럽을 비롯하여 미국과 아시아 등지로 전파되며 세계적인 축제가 되었고, 오늘날 세계 120여 개국, 700여 개의 도시들에서 펼쳐진다. 이 날의 모든 콘서트 및 음악행사는 대중에게 무료로 제공되며, 아마추어 음악가들뿐만 아니라 전문 음악가들의 다양한 장르의 음악들을 마음껏 감상할 수 있는 좋은 기회가 된다.

• 니스 카니발(Carnaval de Nice)

매년 2월, 2주 동안 니스에서 열리는 프랑스의 가장 큰 카니발이자 세계에서 가장 유명한 카니발 중 하나이다. 니스 카니발의 최고 하이라이트는 수 천 송이의 꽃들로 장식한 20개의 꽃마차 퍼레이드이다. 멋지게 차려입은 젊은 여성들이 관람객들에게 꽃을 던져주고, 세계 각지에서 온 음악가들과 거리 예술가들이 꽃마차들 사이에서 행렬을 이루며 각 나라의 독특한 예술을 선보인다. 그 밖에도 해마다 다른 주제(2019년, '영화의 왕') 하에 제작된 대형 조형물 및 캐릭터들의 행렬과 가장행렬, 색종이 날리기, 불꽃놀이 등도 큰 볼거리이다.

Il est normal d'aider les étrangers

Monsieur : Excusez-moi, madame. Est-ce qu'il y a une boulangerie près d'ici ?

Madame : Oui, monsieur. Justement, j'y vais. Suivez-moi, si vous voulez.

Monsieur : Merci bien. Je vous suis. Je veux acheter du pain. J'en ai besoin pour mes amis.

Madame : Vous venez d'où ?

Monsieur : Je suis portugais. Vous connaissez le Portugal ?

Madame : Malheureusement, pas encore. Mais j'y vais l'année prochaine.

Monsieur : C'est un beau pays européen.

Madame : J'adore la Fado, chanson populaire portugaise. Amalia Rodriguez est très connue dans le monde. Les portugais sont gentils et ouverts ?

Monsieur : Oui, ils le sont. Ils aiment boire et bavarder. Ils sont joyeux.

Madame : Dépêchons-nous ! Il est déjà 18h 50.

Monsieur : Merci pour votre aide.

Madame : Il est normal d'aider les étrangers.

Monsieur : Voici ma carte de visite. Téléphonez-moi si vous venez à Lisbonne.

Madame : Je vous remercie. À bientôt, peut-être au Portugal.

Monsieur : Je l'espère.

Madame : Au revoir, monsieur. Bon séjour chez nous et bonne visite.

Vocabulaire

aide, bavarder, boulangerie, carte, chanson, connu(e), courage, déjà, (se)dépêcher, étranger(ère), européen(ne), joyeux(se), justement, malheureusement, normal(e), ouvert(e), pays, peut-être, populaire, portugais(e), près, prochain(e), remercier, séjour, suivre

• Grammaire & Expressions •

1 Le pronom neutre(중성 대명사)

1) y

- '장소 전치사(à, en, dans, sous, sur ~) + 명사'를 대신

  Tu vas **en France** ? - Oui, j'**y** vais.

  Ils habitent **à Paris** ? - Oui, ils **y** habitent.

  Elle est **dans la chambre** ? - Oui, elle **y** est.

- '전치사 à + 사물명사'를 대신

  Tu penses **à ton pays** ? - Oui, j'**y** pense.

  Il croit **à cette histoire** ? - Oui, il y croit.

2) en

- '전치사 de + 명사'를 대신

  Tu as besoin **de mon aide** ? - Oui, j'**en** ai besoin.

  Vous venez **de Nice** ? - Oui, j'**en** viens.

- '부정관사/부분관사 + 명사'를 대신

  Vous avez **des frères** ? - Oui, j'**en** ai deux.

  Tu bois **du vin** ? - Oui, j'**en** bois. / Non, je n'**en** bois pas.

3) le

- 형용사, 형용사적 명사, 부정법, 문장이나 절을 대신

Tu es **content** ? - Oui, je **le** suis.

Il est **français** ? - Oui, il **l'**est.

Vous savez **danser** ? - Oui, nous **le** savons.

Elle est malade, tu **le** sais ?

② L'impératif(명령법)

- tu, nous, vous에서 가능하며, 직설법 현재형에서 주어를 생략

  Tu choisis. → Choisis !

  Nous choisissons. → Choisissons !

  Vous choisissez. → Choisissez !

- 1군 동사와 aller 동사의 경우, 2인칭 단수에서 -s를 생략

  Tu entres. → Entre !

  Tu vas. → Va !

  ※ 하지만, y, en 앞에서는 생략하지 않음. Vas-y ! Parles-en !

- 특수한 형태의 명령법을 갖는 동사

  être → sois, soyons, soyez

  avoir → aie, ayons, ayez

  Tu es prudent. → Sois prudent !

  Vous avez du courage. → Ayez du courage !

- 부정문과 대명동사의 경우

  Tu ne quittes pas. → Ne quitte pas !

Vous ne partez pas. → Ne partez pas !

Tu te dépêches. → Dépêche-toi !

Vous ne vous dépêchez pas. → Ne vous dépêchez pas !

③ Il est ~ de / C'est ~ à(~하는 것은 ~ 하다)

Il est normal d'aider les étrangers.

Il est difficile de trouver un travail.

C'est difficile à choisir.

C'est facile à comprendre.

• Exercices •

1. y, en을 이용하여 문장을 다시 쓰시오.

① Anne sort de la maison.

→ (   ).

② Tu dois rester à ta place.

→ (   ).

③ Nous croyons à la médecine orientale.

→ (   ).

2. y, en, le를 이용하여 물음에 답하시오.

① As-tu besoin de ce livre ?

→ Oui, (   ).

② Est-ce qu'ils sont italiens ?

→ Non, (   ).

③ Savez-vous qu'elle est mariée ?

→ Non, (   ).

④ Pierre travaille dans son bureau ?

→ Oui, (   ).

3. 명령법 문장으로 바꾸시오.

① Tu ne fumes pas.

→ (   ) !

② Nous sommes prudents.

→ (   ) !

③ Tu vas chez le médecin.

→ (   ) !

④ Vous finissez vos devoirs.

→ (   ) !

4. 프랑스어로 옮기시오.

① 서울에 오시면 전화주세요.

....

② 원하신다면 저를 따라오세요.

....

③ 외국인들을 돕는 것은 당연하다.

....

• Civilisation •

프랑스 영화(Cinéma français)

프랑스, 영화의 탄생지

프랑스는 영화가 탄생하고 발전하는 데 있어서 결정적인 역할을 한 나라이다. 오늘날 프랑스 영화가 세계 영화 속에서 특별한 위치를 차지하는 것도 선구적인 프랑스 영화인들 덕택이다. 그 중에서도 영화의 탄생과 초기 발전에 공헌한 주요 인물들은 뤼미에르 형제(**Les frères Lumière**)와 조르주 멜리에스(**Georges Méliès**), 그리고 샤를 파테(**Charles Pathé**)이다.

1895년에 카메라 겸 영사기인 '시네마토그라프(**cinématographe**)'를 발명, 세계 최초로 영화를 만들어 상영한 뤼미에르 형제. 1896년에 최초의 영화 제작사를 설립하고 예술로서의 영화를 발전시킨 영화언어의 발명가이자 최초의 영화 미술가 멜리에스. 1896년에 영화사 파테 프레르(**Pathé-Frères**)를 설립하고 20세기 초반 세계 최대의 영화사로 성장시키며 영화를 산업 차원으로 끌어올린 파테.

뤼미에르 형제

프랑스 최초의 영화 스튜디오

FESTIVAL DE CANNES

칸 영화제(Festival de Cannes)

세계 3대 영화제 중 하나로, 1946년에 시작되어 매년 5월, 2주간에 걸쳐 프랑스 남부의 휴양도시 칸에서 개최된다. 칸 영화제는 예술성과 상업성의 조화를 바탕으로 전 세계 영화의 만남의 장으로 명성을 얻었고, 세계적인 감독들의 참여로 영화산업의 중심이 되었다. 개막식은 레드카펫이 깔린 '영광의 계단'이라 불리는 24개의 계단을 오르는 행사와 더불어 영화 분야 종사자들뿐만 아니라 세계 언론 매체의 관심을 집중시킨다.

우리나라는 1984년 이두용 감독의 <물레야 물레야>를 시작으로 임권택, 박찬욱, 이창동, 홍상수 감독 등이 칸 영화제에서 수상하였고, 2007년에는 <밀양>의 전도연이 여우주연상을 받았다. 또한 2019년 제72회 칸 영화제에서는 봉준호 감독이 <기생충>으로 최고상인 '황금종려상(Palme d'Or)' 수상의 영광을 차지했다.

Leçon 11

Mina et Anne font du shopping au Printemps

Anne : Tiens, il y a trop de monde.

Mina : Ce sont des touristes. Ils veulent acheter des cadeaux.

Anne : Pourquoi acheter ici des vêtements ou des produits de beauté comme cadeau ? Ils ne peuvent pas trouver les mêmes choses dans leurs pays ?

Mina : Si, mais ça coûte plus cher qu'ici. Car on doit importer et payer la taxe.

Anne : Combien de différence y a-t-il ?

Mina : Je ne suis pas spécialiste dans ce domaine. Euh, à peu près deux fois plus cher qu'en France.

Anne : Oh là là ! Ça fait beaucoup. Je les comprends.

Mina : Je veux acheter une paire de chaussures. Je profite des soldes. Et toi ?

Anne : Moi, je veux acheter un cartable en tissu.

Mina : Dis-moi. J'hésite entre le rouge et le noir.

Anne : Le rouge te va mieux. Le noir est un peu trop sévère pour le printemps.

Mina : Bon, je prends le rouge. Merci pour ton conseil.

Anne : Je préfère ce cartable vert.

Mina : Regarde Anne, le bleu est aussi beau que le vert.

Anne : C'est vrai. Tu as raison. Que c'est fatigant de faire du shopping !

Vocabulaire

à peu près, beauté, cadeau, cartable, chaussure, conseil, coûter, différence, domaine, hésiter, importer, noir, paire, payer, profiter, rouge, sévère, shopping, solde, spécialiste, taxe, tiens, tissu, touriste, vêtement

• Grammaire & Expressions •

1 payer 동사의 변화형과 구문

payer			
je	paie / paye	nous	payons
tu	paies / payes	vous	payez
il / elle	paie / paye	ils / elles	paient / payent

Je paie 99 euros pour cette robe.

Vous payez comment ?

2 L'adverbe interrogatif(의문부사) : Combien

1) 가격 표현

Ça coûte combien ? / Combien ça coûte ?

- Ça coûte dix euros.

- Dix euros.

C'est combien, un melon ?

- Deux euros.

Ça fait combien ? / Je vous dois combien ? / Combien vous dois-je ?

2) combien de + 무관사명사

Combien de cours avez-vous ce semestre ?

- J'ai huit cours.

Combien de fois vas-tu à la piscine par semaine ?

- Trois fois.

③ Le comparatif(비교급)

1) 형용사 또는 부사의 비교급 : 특질(qualité)의 비교

plus ~ que, aussi ~ que, moins ~ que

plus, aussi, moins은 비교 부사로서 항상 형용사 또는 부사 앞에 위치

Je suis **plus** rapide **que** mon ami.

Pierre est **aussi** gentil **que** Marie.

Mon père est **moins** effrayé **que** ma mère.

Il arrive **plus** tôt **que** moi.

Elle travaille **aussi** vite **que** lui.

Carlos Lopes court **moins** vite **que** Ronaldo da Costa.

2) 명사의 비교급 : 양(quantité)의 비교

비교의 부사와 명사를 전치사 de로 연결

Anne a **plus de** devoir **que** Souji.

Paul a **autant de** travail **que** Mina.

Il a **moins de** livres **que** moi.

④ Le superlatif(최상급)

- le plus / moins 부사(de +명사)

Nous reviendrons vers toi **le plus** rapidement possible.

Elle court **le moins** vite **de** la classe.

- 정관사(le, la, les) + plus / moins 형용사(de + 명사)

Louvre, c'est le musée **le plus** populaire **de** Paris.

Céline Dion est la chanteuse canadienne **la plus** connue.

Le Morning, c'est **la moins** chère **de** toutes les voitures.

Le mois de février est **le moins** long **de** l'année.

⑤ 특수한 비교급과 최상급

비교급과 최상급에서 특수한 형태를 갖는 형용사의 부사

bon - meilleur - le(la, les) meilleur(e,s,es)

mauvais - pire - le(la, les) pire(s)

petit - moindre - le(la, les) moindre(s)

bien - mieux - le mieux

mal - pis - le pis

beaucoup - plus - le plus

peu - moins - le moins

Le repas est meilleur qu'hier.

Ducasse est un des meilleurs cuisiniers.

Le mieux est de patienter.

Pierre met le moins d'argent.

Quels sont les meilleurs marchés de Paris ?

- 정관사 대신에 소유형용사를 사용하여 최상급을 표현.

Elle est ma meilleure amie.

Mon pire cauchemar est de manquer mon avion pour Paris.

⑥ 수량 · 정도 표현

1) 수량표현

peu de + 무관사 명사

un peu de

assez de

beaucoup de

tant de

trop de

Il y a beaucoup d'étudiants au concert de Chopin.

J'ai assez d'argent.

2) 단위명사를 사용한 수량 표현

un kilo de (1000g)

une livre de (500g) / une demi-livre de (250g)

un litre de / un demi-litre de

un verre de

une bouteille de / une demi-bouteille de

un paquet de

une paire de

une dizaine de

la moitié (de)

Je veux une demi-bouteille d'eau.

Vous voulez un kilo de tomates ?

7 단위 · 빈도 표현

par tête / personne

par heure

par jour

par semaine

par mois

par an

Je vais à l'exposition des beaux-arts une fois par mois.

Le billet d'entrée au musée d'Orsay, c'est 14 euros par personne.

8 La couleur(색깔)

색깔을 나타내는 형용사

gris grise blond blonde brun brune vert verte bleu bleue noir noire	blanc blanche roux rousse violet violette	jaune jaune rose rose rouge rouge orange marron indigo

• 색깔을 나타내는 명사 : 남성형 정관사(le) + 남성형 형용사

Juliette Binoche adore le bleu.

Irène Jacob aime le rouge.

• Exercices •

1. 주어진 동사를 이용하여 문장을 완성하시오.

① Ils ( ) acheter un petit pavillon dans la banlieue de Paris. (vouloir)

② Vous ( ) par carte, monsieur ? (payer)

③ Cette robe me ( ) beaucoup ! (plaire)

④ On ( ) des soldes pour acheter une veste moins cher. (profiter)

2. 주어진 의미에 맞는 낱말로 다음 문장을 완성하시오.

① Elle parle français ( ) que son mari. (더 잘)

② Pierre est mon ( ) ami. (가장 좋은)

③ Je vais à Paris ( ) que les autres. (더 자주)

④ Paris a ( ) deux millions cinq cent mille d'habitants. (미만이다)

3. 보기와 같이 최상급으로 바꾸시오.

보기	Youngsou est petit. (classe) → Youngsou est le plus petit de la classe.

① Il est actif. (frères) →

② Anne court vite. (nous) →

③ Scrooge est avare. (monde) →

④ Cyrano est charmant. (écrivains) →

4. 알맞은 전치사(또는 축약관사, 전치사와 정관사)를 넣으시오.

① J'achète une barquette ( ) fraises.

② Elle va nager sept jours ( ) semaine.

③ On fait (　　　) shopping au BHV, au Printemps et aux Galeries Lafayette.

④ Combien (　　　) habitants y a-t-il à Jeonju ?

5. 프랑스어로 옮기시오.

① 얼마예요 ?

② 나는 일 년에 두 번 외국에 가요.

③ 그녀들은 프랭탕(le Printemps) 백화점에 쇼핑하러 가요.

④ 파란색이 당신에게 잘 어울리네요.

• Civilisation •

파리의 백화점(Les grands magasins parisiens)

백화점의 기원은 1852년 부시코 부부(Aristide et Marguerite Boucicaut)가 파리 7구에 설립한 봉마르셰(Le Bon Marché)이다. 귀족이나 부르주아들이 성이나 저택을 일상적인 생활공간에서 연회나 토론의 장으로 바꾼 것이 살롱이라면, '봉마르셰' 백화점은 이들 살롱을 통해 사회적 역할이 커지고 과거의 풍습에서 해방된 여성들의 '욕망 분출구'였다. 부시코는 유명한 건축가 에펠(Gustave Eiffel)에게 봉마르셰 신관의 건축을 의뢰했는데, 그 이유는 백화점의 우아한 외관으로 소비자를 유혹하기 위함이었다. 봉마르셰의 등장에 가장 환호한 인물은 소설가 에밀 졸라(Émile Zola)였다. 그는 그의 작품 『부인들의 행복백화점 *Au Bonheur des Dames*』에서 봉마르셰 백화점이 보여준 19세기 파리의 화려한 문화와 혁신적인 판매전략에 대해 상세히 묘사하고 있다.

봉마르셰 백화점 외관

봉마르셰 백화점 내부

이 최초의 백화점이 등장한 이후 유럽 곳곳으로 다양한 형태의 백화점이 급속히 확산된다. 19세기 후반 오스만(Haussmann)이 진행했던 파리 현대화 프로젝트는 파리의 백화점 출현과 밀접한 관계가 있다. 새롭게 건설된 대로변에는 카페와 카바레, 극장과 대형 백화점들이 등장한다. 봉마르셰를 비롯하여 프랭탕(**Le Printemps**)(1865, 9구), 사마리텐(**La Samaritaine**)(1869, 1구), 그리고 갈르리 라파예트(**Galeries Lafayette**)(1893, 9구)와 그 계열사 베아슈베(**Le BHV Marais**)(2007, 4구)는 현재 파리를 대표하는 쇼핑 명소이다.

사마리텐 백화점

프랭탕 백화점 외관

사마리텐 백화점

프랭탕 백화점 내부

갈르리 라파예트 외관

갈르리 라파예트 내부

베아슈베 마레 외관

베아슈베 마레 내부

Leçon 12

Projet de visite du Château de Versailles

Souji : Je souhaite faire une visite d'un lieu historique.

Marie : Excellente idée ! Pourquoi pas un château, par exemple ?

Souji : Quel château est le plus visité de la France ?

Marie : C'est le Château de Versailles.

Souji : Je vais y aller ce dimanche. Tu peux venir avec moi ?

Marie : Je veux bien. Mais je suis désolée. Je suis occupée ce dimanche.

Souji : Ce n'est pas grave. Explique-moi l'itinéraire le plus simple et moins cher pour y aller.

Marie : Prends d'abord le métro ligne 10 et descends à la station Javel. Ensuite prends le RER C et descends au Château de Versailles. Après, tu marches jusqu'au Château.

Souji : Tout est bien indiqué sur le panneau ? On met combien de temps ?

Marie : Pas loin du tout à pied depuis la gare de RER.

Souji : Tiens ! Bonsoir Pierre. Quelle bonne surprise ! D'où viens-tu ?

Pierre : Je viens de visiter le Château de Versailles. C'est merveilleux !

Marie : Quelle coïncidence !

Souji : Je vais le découvrir ce dimanche ! Au revoir !

Vocabulaire

coïncidence, découvrir, depuis, descendre, dimanche, ensuite, excellent(e), exemple, expliquer, facile, gare, historique, indiquer, itinéraire, jusque, lieu, ligne, loin, marcher, merveilleux(se), métro, mettre, moins, occupé(e), panneau, par, pied, projet, simple, station, surprise

• Grammaire & Expressions •

1 venir 동사의 변화형과 구문

venir			
je	viens	nous	venons
tu	viens	vous	venez
il / elle	vient	ils / elles	viennent

La nuit vient. Marie vient me voir.

Venez avec moi. Les amis viennent de partir.

2 Le futur proche(근접미래)

- aller + 동사 원형 : 가까운 미래를 표현

Je vais prendre le bus.

Le train va partir.

Nous allons aller au carnaval de Nice.

3 Le passé récent(근접과거)

- venir de + 동사 원형 : 가까운 과거를 표현

Je viens de finir mon travail.

L'avion vient d'atterrir.

Nous venons d'arriver à Rome.

4 La mise en relief(강조 구문)

- c'est ~ qui : 주어를 강조

C’est moi qui suis malade.

C’est ma mère qui prépare le dîner.

C'est leur maison qui se trouve en face.

• c’est ~ que : 주어 이외의 성분을 강조

C’est Pierre qu’elle aime.

C’est à toi que je parle.

C’est la première fois que cela arrive.

5 Moyen de transport(교통 수단)

• en + 무관사 명사

Il voyage en voiture / avion / bateau.

Je vais au travail en bus / métro / train.

• à + 무관사 명사

Il vient à moto / cheval.

Elle fait une promenade à pied.

Je vais au bureau à bicyclette / en vélo.

6 Indiquer le chemin(길 안내하기)

aller / continuer tout droit

suivre / traverser / descendre la rue

tourner à droite / à gauche

prendre le métro / le RER

• Exercices •

1. 주어진 동사를 이용하여 근접미래형으로 문장을 완성하시오.

① Le spectacle ( ). (commencer)

② Mon cousin ( ) son bac ! (passer)

③ Faites attention, vous ( ) ! (tomber)

④ Mes parents ( ) le tour du monde. (faire)

2. 주어진 동사를 이용하여 근접과거형으로 문장을 완성하시오.

① Je ( ) un café. (boire)

② Nous ( ) du cinéma. (sortir)

③ La voiture ( ) le pont. (traverser)

④ Tu ( ) une lettre à ton père. (envoyer)

3. 보기와 같이 주어진 단어를 강조하는 문장으로 다시 쓰시오.

보기	Je ne casse pas le vase. (moi) → Ce n'est pas moi qui casse le vase.

① Sylvie t'attend au café. (toi)

→ ( ).

② Mes parents me donnent un cadeau. (mes parents)

→ ( ).

③ Ce soir, j'ai un rendez-vous avec un ami. (ce soir)

→ ( ).

4. 알맞은 전치사를 넣으시오.

① J'aime voyager (   ) train.

② On peut y aller (   ) pied.

③ Les étudiants rentrent chez eux (   ) métro.

5. 프랑스어로 옮기시오.

① 지하철 10호선을 타라.

② 시간이 얼마나 걸리니 ?

③ 나는 방금 베르사유 궁전을 구경했어.

• Civilisation •

루이 14세와 베르사유 궁전(Louis XIV & Château de Versailles)

루이 14세는 1643년부터 1715년까지 프랑스 왕국을 통치하며 절대군주제를 정점에 올려놓은 인물로, 일명 '태양왕(Roi-Soleil)'이라 불린다. 그의 위세는 1661년 이후, 귀족들의 반란 및 민중들의 봉기가 종료되고, 베르사유 궁전을 새로운 왕권의 중심지로 삼으면서 본격적으로 펼쳐진다. 루이 14세는 프랑스의 영광을 구현하고자 하였고, 그에 따라 프랑스는 경제적 번영과 정치·외교적 성공을 거두며 유럽에서도 막강한 영향력을 가진 국가가 된다. 그의 문예 학술 옹호 정책으로 프랑스는 문화적 위상 또한 확고해지며, 몰리에르(Molière)와 륄리(Lully), 그리고 르브룅(Le Brun)으로 대표되는 고전주의의 절정에 이르러 이른바 '위대한 세기(Grand Siècle)'를 맞이한다.

베르사유 궁전은 1660년대, 루이 14세 치하에서 건축이 시작되어 1682년, 루이 14세 때부터 1789년, 루이16세 때까지 프랑스 왕들의 거처가 된 곳이다. 루이 14세의 의도, 즉 귀족들의 세

력 약화와 절대주의 정책 강화 필요성이 건축의 중요한 동인으로 작용한다. 이는 귀족들이 따라야 했던 엄격하고도 세련된 궁정예절을 통해서도 잘 드러난다. 절대주의 왕정의 상징인 베르사유에서는 절대왕정의 궁정문화가 꽃피었고, 이후 화려하고 세련된 궁정예절과 생활방식은 이상적인 모델로 유럽 전역에 확산된다.

한편 베르사유 궁전은 63,154m^2 면적에 1,000개의 전시관을 포함하여 2,300개의 다양한 공간이 건축학적으로 조화를 이루고 있는 곳이다. 그 중에서도 마리 앙투아네트가 직접 구상하고 설계에도 참여한 프티 트리아농과 그랑 트리아농, 여왕의 마을과 큰 수로, 그리고 오렌지 밭과 스위스 분수 등이 주목할 만하다. 또한 이 곳의 정원 면적은 현재 815헥타르인데, 프랑스 대혁명 전에는 8,000헥타르에 달했다.

Leçon 13

Au marché de la Bastille

Anne, Sophie, Jonsou et Michel préparent une fête... Ils vont au marché de la Bastille.

Anne : Nous allons faire des courses au marché de la Bastille.

Sophie : Là-bas, le prix est très intéressant. Je connais le marchand qui vend des légumes très frais.

Jonsou : Michel, tu ne connais pas une bonne poissonnerie où on peut acheter du poisson à bon prix ?

Michel : Je vais demander à ma mère. Car elle va au marché tous les deux jours pour acheter du poisson.

Sophie : Si vous voulez, je vous indiquerai une belle adresse que j'aime beaucoup. Les marchands sont gentils et ils ont toujours de bons poissons.

Anne : Tu m'as souvent parlé d'eux.

Michel : Peut-être, c'est la même poissonnière dont ma mère a parlé.

Jonsou : Parfait. Achetons d'abord un kilo de pommes de terre, trois grosses carottes, deux choux chinois, deux kilos d'oignons, cinq cents grammes de poireaux et des fruits.

Sophie : Dépêchons-nous. On va maintenant à la poissonnerie où nous allons prendre sept filets de cabillau et un kilo de moules.

Vocabulaire

adresse, cabillau(d), carotte, chinois(e), chou, course, fête, filet, fruit, gramme, gros(se), kilo, légume, magasin, marchand(e), marché, moule, oignon, poireau, poissonnier(ère), pomme, prix, souvent, terre, vendre

• Grammaire & Expressions •

1 Les pronoms relatifs(관계대명사) : qui / que / où / dont

1) 용법

반복되는 명사, 대명사 또는 절 전체를 선행사로 놓고 두 절을 연결할 때 사용.

2) 종류

• qui : 수반하는 동사의 주어(선행사는 사람과 사물 모두 가능)

Je connais une dame. Cette dame enseigne le français à Séoul.

→ Je connais la dame **qui** enseigne le français à Séoul.

Elle rencontre Pierre. Il vient de Marseille.

→ Elle rencontre Pierre **qui** vient de Marseille.

• que(qu') : 수반하는 동사의 목적어(선행사는 사람과 사물 모두 가능)

Je préfère les films d'amour. Ils passent souvent à la télévision.

→ Les films d'amour **que** je préfère passent souvent à la télévision.

Il lit un livre. C'est *L'Étranger* de Camus.

→ Le livre **qu**'il lit est *L'Étranger* de Camus.

• où : 선행사는 장소 또는 시간

Le magasin **où** vous allez ferme à 20 heures.

Aujourd'hui, c'est le jour **où** nous partons en vacances.

• dont : de를 수반한 동사의 목적보어

C'est la maison de mon enfance. Je me souviens de cette maison.

→ C'est la maison de mon enfance **dont** je me souviens.

Voici des livres. J'ai besoin de ces livres.

→ Voici des livres **dont** j'ai besoin.

2 Les verbes pronominaux(대명동사)

1) 형태 : 보어대명사 se와 함께 구성, 동사의 앞에 위치

• se는 주어의 인칭과 수에 따라 변화 :

me(m'), te(t'), se(s'), nous, vous, se(s')

se lever	se coucher
je me lève	je me couche
tu te lèves	tu te couches
il / elle se lève	il / elle se couche
nous nous levons	nous nous couchons
vous vous levez	vous vous couchez
ils / elles se lèvent	ils / elles se couchent

2) 용법

• 재귀적 대명동사(les pronominaux réfléchis) : 동사의 주어와 목적어 동일

Je me lève tôt.

Tu te couches tard.

Il se réveille à 6 heures.

Nous nous lavons dans la salle de bain.

Vous vous dépêchez vite.

Elles s'habillent chic(s).

• 상호적 대명동사(les pronominaux réciproques) : 주어가 반드시 복수이면서 서로 같은 동작을 표현

Nous nous regardons.

Ils se connaissent bien.

• 수동적 대명동사(les pronominaux passives) : 주어는 사물에 한하며 3인칭에서만 사용

La porte se ferme.

La montagne se voit de très loin.

• 본질적 대명동사(les verbes essentiellement pronominaux) : 대명동사의 보어대명사가 아무 뜻도 없이 반드시 동사와 함께 사용.

s'abstenir, s'apercevoir, s'écrier, s'enfuir, s'étonner, s'intéresser à, se mettre à, se moquer de, s'occuper de, se servir de, se souvenir de, se tromper

Je me souviens de cette odeur.

On se moque de lui.

• 의미가 변하는 대명동사

Il se rend au mariage d'Anne. (= aller)

L'enfant se met à lire. (= commencer)

3) 부정형

Je ne me couche pas tôt.

Elles ne se connaissent pas.

4) 명령형

- 긍정명령형 : me는 moi로, te는 toi로 변화

  Tu te lèves. → Lève-toi !

  Vous vous lavez. → Lavez-vous !

- 부정명령형 :

  Tu ne te couches pas. → Ne te couche pas !

  Vous ne vous inquiétez pas. → Ne vous inquiétez pas !

• Exercices •

1. 관계대명사 qui, que를 사용하여 문장을 완성하시오.

① Ce sont les gens (   ) Pierre va inviter samedi.

② L'appartement (   ) nous venons d'acheter est très bien situé.

③ Je téléphone au médecin (   ) me soigne.

2. 관계대명사 où, que를 사용하여 문장을 완성하시오.

① Le quartier (   ) vous habitez est très calme.

② Voici le livre (   ) nous venons d'acheter.

③ Jeudi, c'est le jour (   ) elle prend son cours de français.

④ C'est la maison (   ) je suis né.

3. 관계대명사 dont, que를 사용하여 문장을 완성하시오.

① Quelle est la saison (   ) vous préférez ?

② Quel est l'animal (   ) vous avez peur le plus ?

③ Quel est l'outil (   ) vous vous servez le plus souvent ?

④ Quel est le titre du dernier livre (   ) vous avez lu ?

4. 주어진 동사를 이용하여 문장을 완성하시오.

① Vous (   ) comment ? (s'appeler)

② Je (   ) à 10 heures du soir. (se coucher)

③ Une ville (   ) en un jour. (ne pas se bâtir)

④ Les portes (   ). (se fermer)

• Civilisation •

시장(Marché)

• 재래시장(marché traditionnel)

프랑스인들에게 시장은 단순히 물건을 사고 팔며 이익을 창출하는 공간이 아니다. 이곳은 그들의 전통적, 문화적 자산이기 때문에 특별한 의미를 지니는 장소이다. 파리의 시장은 5세기경 시테 섬의 '팔뤼(Palu)'에 그 기원을 두고 있다. 13세기에 이곳은 현재의 '샤틀레(Chatelet)'까지 확장되어 주로 수공예품들을 판매했다. 14세기에는 노트르담과 그 주변 지역 그리고 '라 푸아르(La Foire)'같은 특정 지역에서 식료품 판매가 활성화되었다. 돼지비계, 동물기름, 돼지고기 등을 판매하며 유명해진 재래시장은 17세기에 이르러 생선류를 전문으로 거래하는 '푸아소느리 (Poissonnerie)' 거리까지 이르렀다.

현재 파리에는 2구와 9구를 제외하고 모든 구의 곳곳에 93개의 시장이 열린다. '노천시장(marché de plein air)', '아케이드 시장', '특수시장' 등이 있다. 이곳에서는 가장 신선하고 품질 좋은 물건들을 살 수 있는데, 대부분의 상인들은 가업을 물려받아서 직업 정신이 투철하다.

• 아케이드 시장

앙팡 루즈 시장

포럼 데 알

흔히 '레 알(les Halles)'이라고 부르는 시장은 파리의 우안(rive droite) 13곳에 분포해 있다. 이 시장은 파리 시와 계약을 맺은 사설 회사들에 의해 5년 계약으로 운영된다. 개장시간은 화요일부터 토요일까지 하루 종일, 그리고 일요일 아침나절이다. '앙팡 루즈(Enfants Rouges)' 시장은 루이 13세 때(1615) 파리 3구에 생긴 시장으로 파리에서 가장 오래된 아케이드 시장이다

• 노천 시장

63곳에서 열리는 시장으로 주로 식료품을 판매한다. 일주일에 평균 두 번 시장이 서는데, 주중에는 보통 아침 7시부터 오후 2시 30분까지, 주말에는 오전 7시부터 오후 3시까지 영업한다. 오후에 여는 시장으로는 2002년에 최초로 문을 연 '보두아이에(Baudoyer)'(4구)를 비롯하여 '생토노레(Saint-Honoré)'(1구), '부르스(Bourse)'(2구), '베르시(Bercy)'(12구)(이상의 시장은 수요일과 토요일 개장), '앙베르(Anvers)'(9구) 시장(금요일 개장)이 있다. 노천 시장 가운데 87%가 식료품을, 8%가 제조품을, 5%가 원예품을 취급한다. 시장의 주력 상품은 생선과 청과물, 그 다음으로 돼지고기류와 유제품류가 있다. 100% 자연 그대로의 채소류를 먹고 싶다면 '라스파이(Raspail)' (6구, 일요일 9시-14시), '바티뇰(Batignolles)' (8구, 토요일 9시-14시), '브랑쿠시(Brancouci)'(14구, 토요일 9시-14시)의 유기농 시장에 가면 된다. 이곳은 광우병과 조류독감 등 식품에 관련된 소비자들의 위기의식을 반영한 시장으로 소비자들의 건강에 대한 관심이 증가함에 따라 인기가 있는 곳이다.

보두아이에 시장

라스파이 시장

• **특수 시장**

파리의 18곳에서 운영되는데, 같은 장소에서 날짜에 따라 다른 물건들을 판매한다. 우표 시장은 샹젤리제 거리 아래쪽에서 열린다. (8구, 목/토/일 하루 종일)

'벼룩시장(Marché aux puces)'에는 '방브(Porte de Vanves)'(14구), '몽트뢰유 (Porte de Montreuil)'(20구), '클리냥쿠르(Porte de Clignancourt)' 및 '생투앙 (Saint-Ouen)'(18구)이 있다. 미술품 시장은 '방브 아티스트 광장(square aux Artistes-Vanves)'과 '파리 몽파르나스 창조 시장(Marché de la Création de Paris Montparnasse)'(14구)이 있다. 의류 전문 시장은 '카로 뒤 탕플(Carreau du Temple)'(3구, 화-토 9시-19시, 일요일 9시-12시)이 유명하다.

클리냥쿠르, 생 투앙 벼룩시장

카로 뒤 탕플 쇼핑몰

꽃 전문 시장으로는 '마들렌 광장(Place de la Madeleine)'(8구, 월-토, 8시-19시 30분)과 '테른 광장(Place des Ternes)'(17구, 월요일 제외한 모든 요일, 8시-19시 30분)이 있다. 새와 동물시장으로는 '루이 레핀 광장(Place Louis Lépine)'과 센 강 주변 '시테 시장(Marché aux fleurs(et aux oiseaux) de l'île de la Cité)'(4구, 월요일을 제외한 모든 요일, 8시-19시 30분, 일요일엔 8시- 19시 개장)이 유명하다.

☞ 시장의 개장시간 및 위치에 대한 자세한 정보는 파리시청 홈페이지 및 파리관광안내사무소에 문의하면 된다.

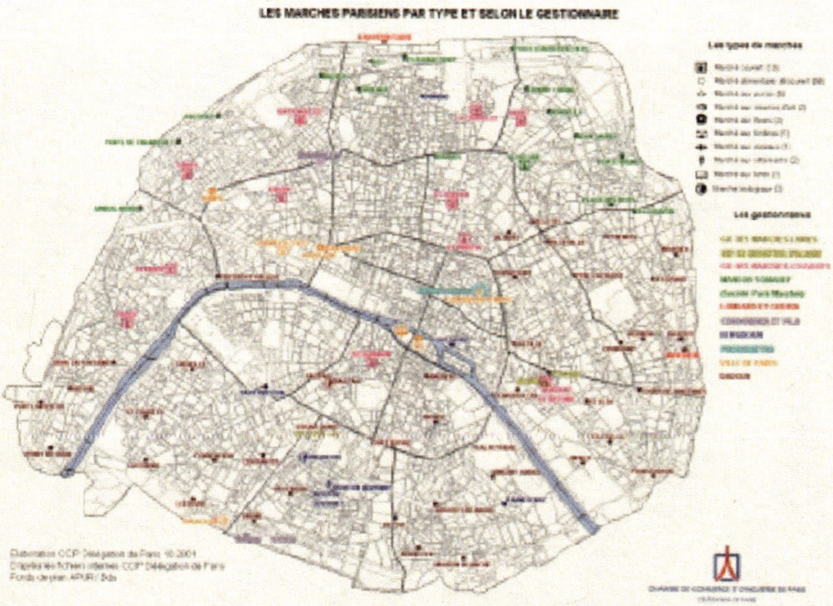

파리 시내 재래시장의 유형별, 관리 시스템별 지도

Leçon 14

La vie de la semaine dernière de Paul

Paul : Bonjour à tous. Je m'appelle Paul Godard. J'ai 22 ans et étudiant de Paris 1.
J'étudie le droit. Je vous présente ma vie de la semaine dernière.

Dimanche, j'ai visité mes grands-parents qui habitent à la campagne.
Nous avons passé une belle journée.

Lundi, j'ai eu beaucoup de cours à l'université.

J'ai rencontré mes amis au restaurant.

Mardi, Isabelle m'a téléphoné pour son devoir.
Je l'ai aidée par e-mail.

Mercredi, mes cousins ont voulu sortir avec moi dans un café.
Je les ai accompagnés. Il a neigé ce soir-là.

Jeudi, j'ai reçu des voisins chez moi. J'ai préparé du gâteau pour eux.
Eux, ils m'ont apporté une boîte de chocolat, une bouteille de vin rouge et un peu de fromage.

Vendredi, c'est le week-end qui commence.
Marie, une copine m'a conseillé de voir un film coréen de Im Kwontaik.
Je l'ai vu au cinéma avec mes frères et sœurs.

Samedi, c'est le jour que j'attends le plus de la semaine.
J'ai dormi toute la journée. J'ai pris mon bain et bu du vin chaud.
Car j'ai attrapé un rhume.

Vocabulaire

accompagner, apporter, attendre, attraper, campagne, conseiller, cours, dernier(ère), dimanche, droit, étudier, grands-parents, jeudi, lundi, mardi, mercredi, passer, présenter, recevoir, rencontrer, rhume, semaine, vendredi, vie, visiter, voisin

• Grammaire & Expressions •

1 Le pasée composé avec 〈avoir〉(조동사 avoir를 취하는 복합과거)

1) 형태 : 조동사 avoir의 현재형 + 과거분사

2) 과거분사(Passé Composé)

- 규칙동사 : -er → é, -ir → i
- 불규칙동사 : é, i, u, s, t (동사변화표 참조)

é 형	i 형	u 형	s 형	t 형
aller → allé	dormir → dormi	avoir → eu	apprendre → appris	conduire → conduit
être → été	partir → parti	connaître → connu	asseoir → assis	craindre → craint
naître → né	ressortir→ ressorti	croire → cru	mettre → mis	dire → dit
	rire → ri	devoir → dû	permettre → permis	écire → écrit
	servir → servi	plaire → plu	prendre → pris	faire → fait
	sortir → sorti	pouvoir → pu		mourir → mort
	suffire → suffi	recevoir → reçu		offrir → offert
	suivre → suivi	savoir → su		ouvrir → ouvert
		venir → venu		peindre → peint
		vivre → vécu		souffrir → souffert

3) 용법

- 과거에 일어난 일을 이야기할 때 사용

  Hier, j'ai acheté ma robe sur internet.

  L'année dernière, elle a visité Paris.

• 과거에 일어났던 정확한 기간을 표현할 때 사용

De 2015 à 2017, j'ai fait du tennis.

Pendant six mois, elle a appris l'espagnol.

• 모든 타동사와 대부분의 자동사는 'avoir'를 조동사로 취함.

Il a écouté la radio.

Marie, elle a passé son examen oral hier.

• 과거분사는 주어의 성, 수에 일치하지 않음.

Elle a mangé des gâteaux.

Ma mère et moi, nous avons acheté les chaussures.

주의 단, 동사 앞에 직접목적보어가 위치하는 경우 성, 수에 일치.

Voici la maison que j'ai achetée.

Je déteste la couleur de la voiture qu'ils ont achetée.

• être와 avoir는 'avoir'를 조동사로 취함.

J'ai eu mal à la tête.

Nous avons été très contents de vous revoir !

• 일부 자동사는 être를 조동사로 취하지만 타동사로 쓰일 경우에는 avoir를 조동사로 취함. (단, 의미가 달라짐)

- avoir를 조동사로 취하는 경우 :

monter/descendre, sortir, passer, retourner + 직접목적보어대명사

J'ai monté la valise dans le train.

Vous avez descendu la poubelle.

Ils ont retourné la lettre.

- être를 조동사로 취하는 경우

Je suis monté(e) dans le train.

Vous êtes descendu(e)(s) à l'hôtel ?

Ils sont retournés dans leur pays.

② Place de l'adverbe(부사의 위치)

양(quantité)과 질(qualité)을 나타내는 부사는 대체로 조동사와 과거분사 사이에 위치 : bien / mal, beaucoup / peu, trop / assez, toujours, encore, enfin, souvent, rarement, déjà, certainement, peut-être, presque, à peine

Ils ont déjà parlé.

On a presque fini.

Nous avons beaucoup ri.

• 시간과 공간을 표현하는 부사는 문장의 마지막에 위치 : tôt, tard, vite, rapidement, lentement, là, ici, là-bas, dehors

Nous avons déjeuné dehors.

Le film s'est terminé très tard.

Les secours sont arrivés rapidement.

• Exercices •

1. 주어진 동사를 복합과거 시제로 변형시키시오.

① Il (   ) chez moi hier soir. (dîner)

② Elle (   ) son mouchoir. (sortir)

③ Nous (   ) très contents de vous voir. (être)

④ Est-ce que le spectacle vous (   ) ? (plaire)

2. 다음 문장을 복합과거 시제로 바꾸시오.

① Paul écrit à sa mère.

(   ).

② Ce film est très drôle.

(   ).

③ Nous recevons votre lettre.

(   ).

④ Il pleut toute la journée.

(   ).

3. 주어진 단어를 이용하여 복합과거 시제로 문장을 완성하시오.

보기	boire, trop → J'ai trop bu.

① finir, presque

→ On (   ).

② penser à vous, souvent

→ J' (   ).

③ avoir de la chance, vraiment

→ Tu ( ).

④ vivre en France, toujours

→ Elle ( ).

4. 프랑스어로 옮기시오.

① 나는 불문학을 공부했어.

---

② 지난 일요일에 시골에 있었어.

---

③ 감기 걸렸어.

---

④ 어제 저녁 나는 내 남자 친구와 함께 영화를 봤어.

• Civilisation •

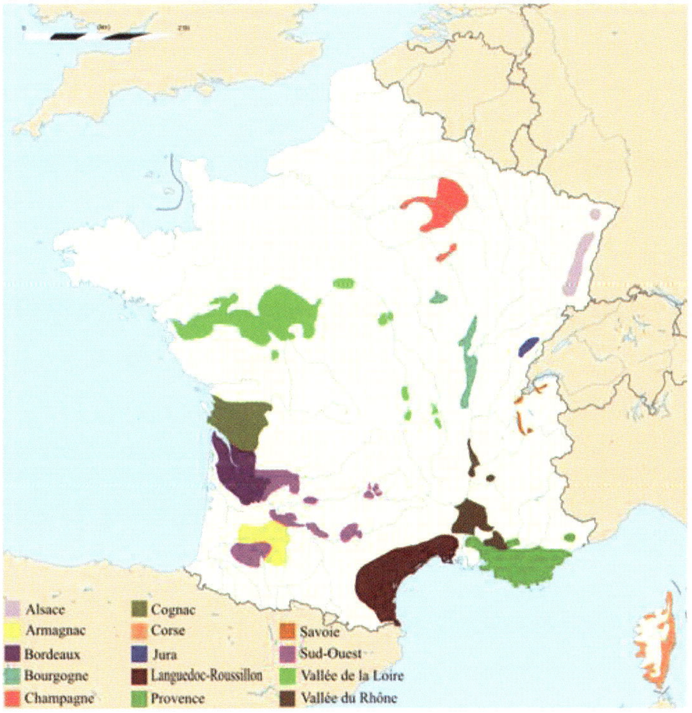

프랑스 포도주의 생산지

포도주(Vin)

프랑스의 포도주 제조는 '원산지 통제표기(Appellation d'Origine Controlée)' 규정에 따라 정부의 엄격한 규제를 받는다. 이러한 품질 관리 덕분에 프랑스의 포도주는 세계적인 명성을 자랑한다. 포도주 생산지는 샹파뉴, 루아르 밸리, 알자스, 부르고뉴, 보르도, 코트 뒤 론, 랑그독 루시옹 그리고 프로방스 등으로 전역에 걸쳐 있으며 지역별로 포도 품종이 매우 다양하다. 18

세기 프랑스 혁명 이후 포도재배와 포도주 생산은 자율권을 확보하게 되었다. 특히 포도주의 여왕으로 불리는 '보르도(Bordeaux)'와 포도주의 왕으로 비유된 '부르고뉴(Bourgogne)'는 프랑스를 대표하는 포도주 생산지이다.

보르도 지방은 세계에서 가장 우수한 포도주를 생산하는 가장 넓은 지역으로 포도주 애호가들의 성지이다. 보르도란 명칭이 '물의 가장자리(au bord de l'eau)'에서 유래했듯이, 보르도의 포도산지는 지롱드 강, 가론 강과 도르도뉴 강을 중심으로 형성되어 있다. 이 지역에서는 '메독(Médoc)', '오 메독(Haut-Médoc)', '그라브 (Grave)', '생테밀리옹(Saint-Emilion)' 그리고 '포므롤(Pommerol)'의 적포도주를 비롯하여 '소테른(Sauternes)'의 달콤한 백포도주에 이르기까지 모든 타입의 포도주가 생산된다.

1855년 메독 지방의 적포도주와 소테른 지역의 귀부 백포도주에 순위를 매기면서 시작된 포도주의 서열화 작업은 오늘날 등급 시스템으로 발전하면서 '명품' 포도주 탄생의 배경이 된다. '라투르(Latour)', '라피트 로칠드(Lafite Rothschild)', '마르고(Margaux)', '오브리옹(Haut-Brion)' 그리고 '무통 로칠드(Mouton Rothschild)'는 1등급 그랑 크뤼 적포도주에 해당된다.

부르고뉴 지방은 보르도에 버금가는 포도주 명산지이다. 이 지방의 포도원은 프랑스혁명 때 귀족들과 수도원이 가지고 있던 포도밭을 정부에서 몰수하여 소규모로 분할하였기 때문에 수확량이 적은 편이다. 부르고뉴의 포도주 등급 체계는 4개의 등급으로 나뉘는데, 가장 아래 단계는 광범위한 '지역명(Région)'을 쓰고, 그 위의 등급은 부르고뉴 지역에 있는 '마을 이름(Commune, village)'를 쓴다. 1등급에는 포도주가 생산된 마을 이름과 포도밭 이름을 같이 표기한다. 특등급 포도주에는 마을의 가장 좋은 포도밭 이름이 원산지명으로 사용된다. '황금의 언덕'이라고 불리는 '코트 도르(Côte d'Or)' 지역에서는 '코트 드 뉘(Côte de Nuits)'와 '코트 드 본(Côte de Beaun)', '샤블리(Chablis)', '코트 샬로네즈(Côte Châlonnaise)', '마코네(Mâconnais)' 그리고 '보졸레(Beaujolais)' 등 부르고뉴 지역별로 포도주 종류를 분류한다.

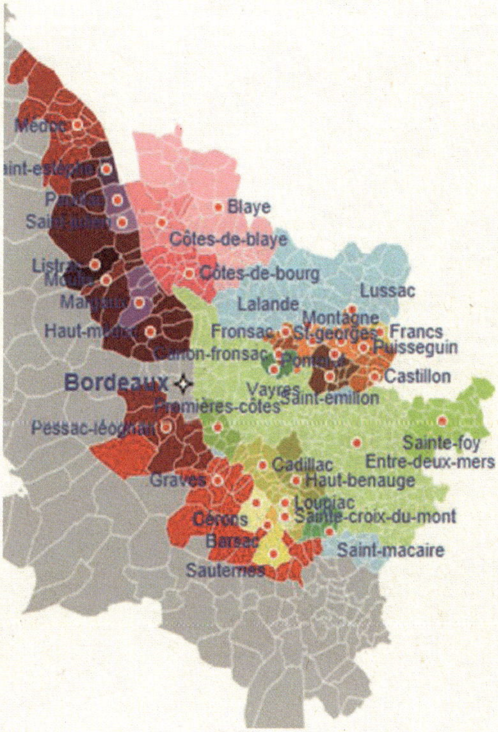

보르도 포도주의 생산지

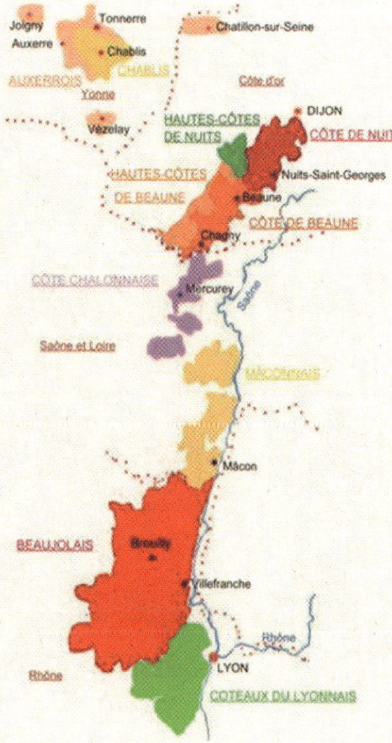

부르고뉴 포도주의 생산지

Leçon 15

Les événements

Paul : Bonjour Sangui. Qu'est-ce que tu as ? Tu as l'air triste.

Sangui : J'ai reçu une mauvaise nouvelle pour Sophie. Elle vient de perdre sa grand-mère.

Paul : Je suis désolé. On s'est téléphoné avant-hier. Je l'ai trouvée en forme.

Sangui : Sa grand-mère est décédée ce matin.

Paul : Sophie l'a beaucoup aimée. Elle a été élevée par sa grand-mère.

Sangui : Pourquoi ?

Paul : Parce que ses parents ont travaillé tous les deux. Ils sont actuellement à Paris.

Sangui : Allons voir Sophie pour la consoler et lui donner un coup de main pour la cérémonie de funérailles.

Paul : Attends un peu, s'il te plaît. Je vais passer d'abord chez moi pour me doucher. Comme je me suis levé trop tôt ce matin, je n'ai pas eu le temps de me laver.

Sangui : Tu es terrible, Paul. Dépêche-toi ! J'appelle Sophie et je la préviens que nous viendrons vers 16 heures à l'église.

Paul : D'accord. Je ne vais pas tarder à te joindre. À tout de suite !

Vocabulaire

avant-hier, cérémonie, consoler, coup de main, décéder, désolé(e), (se) doucher, église, élever, événement, forme, funérailles, grand-mère, joindre, (se) laver, nouvelle, perdre, terrible, prévenir, tarder

• Grammaire & Expressions •

① Le pasée composé avec 〈être〉(조동사 être를 취하는 복합과거)

1) 형태 :

조동사 être의 현재형 + 과거분사(주어의 성, 수에 일치)

2) 조동사 être와 함께 쓰는 동사 :

aller / venir, arriver / partir, entrer, naître / mourir, rester / tomber, demeurer, devenir

Elle est allée au cinéma.

Son père est mort.

Ils sont partis hier.

3) 대명동사의 복합과거 :

être를 조동사로 취하며 과거분사는 주어의 성, 수에 일치.

Je me suis réveillé(e) tôt.

Vous vous êtes amusé(e)(s) ?

Tu t'es trompé(e).

Ils se sont aimés.

② Place de la négation(부정의 위치)

- ne~pas, ne~rien, ne~jamais, ne~plus, ne~pas encore는 조동사 être 또는 avoir의 전, 후에 위치.

Je n'ai pas travaillé hier.

Elle n'est jamais allée en Grèce

Il n'est plus reparti en Chine.

Tu n' as pas encore fini ce livre.

Nous n'avons rien mangé le soir.

☞ rien은 주어로도 사용.

Rien n'a changé !

Rien ne s'est passé hier soir !

• personne는 항상 문장의 끝에 위치.

Je n'ai vu personne.

Il n'a connu personne à Paris.

☞ Personne n'est venu !

Personne n'a téléphoné ce matin.

• ne~aucun(e)은 조동사와 과거분사의 전, 후에 위치.

Je n'ai fait aucune erreur.

Il n'a eu aucun ami en Corée.

☞ Aucun endroit n'est propre !

Aucune preuve n'a été découverte.

• ne~que : 조동사와 과거분사의 전, 후에 위치.

que는 부정이 아니라 한정(restriction)을 표현

'오직, 단지 seulement'를 의미

Il n'a mangé qu'une pomme ce matin !

Elles n'ont parlé que de leur voyage.

③ La durée du temps(시간의 지속)

• depuis : 현재까지 계속되는 시간을 나타낼 때 날짜 혹은 기간과 함께 사용

Je suis professeur depuis 2005 en Corée.

Nous sommes mariés depuis huit ans.

• il y a : 과거에서 어떤 시점을 가리킬 때

J'ai rencontré Pierre il y a dix ans.

Ils se sont installés en Corée il y a cinq ans.

• pendant : 정해진 지속시간을 나타낼 때

Hier, il a plu pendant cinq heures. (과거)

Tous les jours, ils font du jogging pendant une heure. (현재)

Nous serons absents pendant dix jours. (미래)

• Exercices •

1. 주어진 동사를 복합과거 시제로 변형시키시오.

① Il (   ) se coucher. (aller)

② Qu'est-ce qui (   ) ? (se passer)

③ Voltaire (   ) le 30 mai 1778. (mourir)

④ Je (   ) à Paris pour la première fois il y a quatre ans. (venir)

2. 다음 문장을 복합과거 시제로 바꾸시오.

① Ils sortent d'une voiture grise.

→ Ils (   ) d'une voiture grise.

② Elle va au cinéma.

→ Elle (   ) au cinéma.

③ Nous nous couchons.

→ Nous (   ) tout de suite.

④ Je viens pour vous parler.

→ Je (   ) pour vous parler.

3. 다음 동사들을 과거시제로 변형시키시오.

Il descend de sa moto. Il rentre précipitament dans l'immeuble. Il passe devant les boîtes aux lettres. Il monte l'escalier. Il s'arrête derrière une porte. Il sort une clé de sa poche.

4. il y a, depuis, pendant을 이용하여 문장을 완성하시오.

① Nous cherchons un appartement (   ) six mois.

② En 2010, il a travaillé à Séoul (   ) trois mois.

③ J'ai passé le permis de conduire (   ) deux semaines.

5. 프랑스어로 옮기시오.

① 오늘 아침 그가 죽었어.

② 그녀를 도와주러 가자 !

③ 서둘러 !

공동묘지 (cimetière)

파리시에서 관리하는 공동묘지는 20여 개가 있는데, 그 중 14개는 파리시내에, 6개는 외곽에 위치한다. 도심에 묘지가 있다는 것은 우리에게는 낯선 문화이다. 나폴레옹 3세 치하에서 오스만은 도심의 공동위생시설과 혐오시설 등을 철거하지만 공동묘지는 도시 안에 그대로 남겨둔다. 이는 19세기 말 파리 군중들의 '볼거리'에 대한 욕망과 관련이 있다. 당시 유럽 대도시에서는 신원 미상의 시체를 확인하기 위한 '모르그(Morgue) : 시체공시소'라는 일반적인 시설이 존재했다. 그러나 그곳에 전시된 시체가 구경거리라는 대중문화로 변화된 예는 파리에서만 나타난 독특한 현상이었다. 오스만은 모르그가 기능을 제대로 수행하기 위해서는 사람들의 왕래가 잦은 도심에 있어야 한다는 판단 하에 모르그와 공동묘지를 도시 안에 그대로 남겨 두었다. 동쪽의 '페르 라셰즈 묘지', 남쪽의 '몽파르나스 묘지' 와 북쪽의 '몽마르트르 묘지' 는 관광객들은 물론 파리 시민들이 찾는 명소이다.

페르 라셰즈 묘지(Cimetière du Père-Lachaise)

20구에 위치한 이 묘지는 파리에서 가장 큰 규모이다. 1804년 나폴레옹 1세의 명에 의해 수도원이 있던 자리에 처음 조성되었다. 이 명칭은 루이 14세의 고해신부인 '프랑수아 덱스 라 세즈(François d'Aix La Chaise)'에서 유래된다. 이곳에는 교회 무덤에 묻힐 수 없었던 비기독교 신자, 무신론자, 심지어 자살한 사람들까지 안치되어 있다. 특히 이곳은 극작가 몰리에르를 비롯하여 화가 다비드, 들라크루아, 피사로, 음악가 쇼팽과 비제, 사진작가 나다르, 소설가 발자크와 프루스트, 초현실주의 시인 아폴리네르와 엘뤼아르, 맨발의 무용수 이사도라 던컨, 대중가수 에디트 피아프와 이브 몽탕, 우화작가 라 퐁텐, 아일랜드 극작가 오스카 와일드, 그리고 오페라 가수 마리아 칼라스에 이르기까지 유명 인사들의 사후 안식처이다.

페르 라셰즈 묘지의 초기 모습은 빅토르 위고의 『레미제라블』, 스탕달의 『적과 흑』과 발자크의 『고리오 영감』에 잘 묘사되어 있다. 스탕달은 몽마르트르 묘지에, 발자크는 고리오 영감처럼 페르 라셰즈에 영면해 있다.

쇼팽의 묘

발자크의 묘

오스카 와일드의 묘

몽파르나스 묘지(Cimetière du Montparnasse)

19세기 초엽(1824년)에 조성된 묘지로 본래 남쪽의 묘지라고 불렸다. 이는 이 묘지가 14구, 몽파르나스 역과 몽파르나스 타워 인근에 위치해 있어서 생긴 명칭이다. 이곳에는 시인 보들레르, 작가 모파상, 화가 카리에르, 실존주의 철학자 사르트르, 보부아르, 프루동, 극작가 베케트, 배우 미셸 모르강, 필립 누아레, 미레이유 다르크, 가수 세르주 갱스부르 등이 안치되어 있다.

몽파르나스 묘경

사르트르와 보부아르의 묘

몽마르트르 묘지(Cimetière de Montmartre)

1825년, 가장 늦은 시기에 조성된 묘지로 규모면에서도 페르 라셰즈의 1/4 정도의 크기인 작은 묘지이다. '몽마르트르(Montmartre)'는 파리에서 가장 높은 언덕으로 파리 시내를 조망할 수 있는 곳이다. '순례자의 언덕'으로 불리는 이곳은 파리의 명소 중의 하나이다. 음악가 베를리오즈, 레오 들리브, 화가 귀스타브 모로, 드가, 아리 세페르, 소설가 알렉상드르 뒤마 피스, 공쿠르 형제, 스탕달, 에밀 졸라의 가족묘, 독일 시인 하이네, 프랑스 오페레타 창시자 오펜바흐, 러시아 무용수 니진스키, 이탈리아에서 귀화한 이집트 혈통의 가수이자 배우인 달리다 등 유명 인사들이 안치되어 있다.

달리다의 묘

스탕달의 묘

니진스키의 묘

Leçon 16

Les habitudes

Michel : Qu'est-ce que c'est bon ce fromage de chèvre !

Souji : C'est trop fort pour moi. Je n'en ai jamais goûté quand j'étais en Corée.

Pierre : Pour les français, le fromage est essentiel comme le Kimchi chez les coréens. On ne produit pas de fromage en Corée ?

Souji : On a commencé à en fabriquer assez récemment chez nous grâce à un prêtre belge. J'ai oublié son nom.

Michel : Avant lui, aucun coréen ne pensait à faire du fromage ? C'est incroyable !

Souji : Non, jamais. Mais nous avons eu l'idée de créer des autres ingrédients fermentés, par exemple, Kimchi, Deunjang, Gochujang, etc.

Pierre : Les recettes sont bien préservées jusqu'aujourd'hui ?

Souji : Bien sûr ! Tout est bien transmis. C'est pourquoi la jeune génération comme la mienne sait le faire. Mais chaque famille possède un goût particulier.

Michel : C'est très intéressant ! Je me souviens d'un mot de Sophie, qui est ma copine française. Elle a appris à faire du Kimchi quand elle était à Séoul pendant trois ans.

Souji : Tu en as goûté ? Tu l'as aimé ?

Michel : Je préfère être honnête pour ma réponse. C'était un peu fort. Ça m'a fait pleurer !

Vocabulaire

apprendre, assez, aucun(e), autre, avant, belge, chaque, chèvre, créer, essentiel(le), fabriquer, fermenté(e), fort(e), fromage, génération, goûter, grâce, habitude, honnête, idée, incroyable, ingrédient, intéressant(e), jamais, oublier, particulier(ère), pendant, pleurer, posséder, préservé(e), prêtre, récemment, recette, souvenir, transmis(e), trop

1 L'imparfait(반과거)

1) 형태

• 어간 + 반과거 어미

je	-ais	nous	-ions
tu	-ais	vous	-iez
il / elle	-ait	ils / elles	-aient

• 어간 : 직설법 현재 1인칭 복수에서 -ons를 뺀 부분 (être는 예외)

parler : nous parlons → parl-

finir : nous finissons → finiss-

prendre : nous prenons → pren-

avoir : nous avons → av-

être : nous sommes → ét-

• 주요 동사의 반과거형

parler	finir	avoir	être
je parlais	je finissais	j'avais	j'étais
tu parlais	tu finissais	tu avais	tu étais
il / elle parlait	il / elle finissait	il / elle avait	il / elle était
nous parlions	nous finissions	nous avions	nous étions
vous parliez	vous finissiez	vous aviez	vous étiez
ils / elles parlaient	ils / elles finissaient	ils / elles avaient	ils / elles étaient

2) 용법

• 과거의 지속적 행위 또는 상태

Ce soir-là, je regardais la télévision.

Ils étaient à Paris l'an dernier.

Hier, il faisait beau toute la journée.

• 과거의 반복적 동작 또는 습관

Chaque dimanche, je voyais mes parents.

D'habitude, il allait au cinéma le samedi.

Chaque Noël, ma mère m'offrait un cadeau.

3) 복합과거와의 비교

• 반과거 : 추억의 환기, 복합과거 : 사건의 변화

Quand j'étais petit, j'habitais dans un petit village.

J'ai déménagé dans une autre région il y a deux mois.

• 반과거 : 배경 또는 지속적 상황, 복합과거 : 일시적 행위 또는 완료된 사건

J'ai fermé la fenêtre parce qu'il faisait froid.

Nous dormions quand quelqu'un a frappé la porte.

• 반과거 : 한정되지 않은 기간, 복합과거 : 한정된 기간

Avant, cllc faisait du piano.

Pendant 3 ans, elle a fait du piano.

② Le passif(수동태)

1) 형태

- être + 과거분사 (+ par / de + 동작주보어)

  (과거분사는 주어의 성·수에 일치 !)

  Les voisins invitent Paul et Jean.

  → Paul et Jean sont invités par les voisins.

  Le mécanicien réparera la voiture.

  → La voiture sera réparée par le mécanicien.

  Tout le monde aime ce chanteur.

  → Ce chanteur est aimé de tout le monde.

- 능동태의 주어가 일반적인 주어 on일 경우 동작주보어를 생략

  On ouvre la boutique à 10 heures.

  → La boutique est ouverte à 10 heures.

2) 용법

- 주체보다 대상을 강조할 때

  La télévision a été inventée par John Baird.

  Une loi a été votée.

- 역사적 사건, 연대 추정의 경우

  La Bastille a été démolie en 1789.

  La cathédrale a été construite au XIIe siècle.

③ Le pronom possessif(소유대명사)

소유되는 명사의 성·수에 따라 변화

남성단수	여성단수	남성복수	여성복수
le mien	la mienne	les miens	les miennes
le tien	la tienne	les tiens	les tiennes
le sien	la sienne	les siens	les siennes
le nôtre	la nôtre	les nôtres	les nôtres
le vôtre	la vôtre	les vôtres	les vôtres
le leur	la leur	les leurs	les leurs

Ma mère est plus âgée que la sienne.

Voici mon adresse, donnez-moi la vôtre.

C'est à vous ce portable ? - Oui, c'est le mien.

• Exercices •

1. 주어진 동사를 반과거 시제로 변형시키시오.

① Je ( ) le bus. (attendre)

② Vous ( ) très content, n'est-ce pas ? (être)

③ Nous ( ) souvent du tennis. (faire)

④ Paul ( ) pour sa famille. (travailler)

2. 주어진 동사를 의미에 따라 반과거 또는 복합과거로 변형시키시오.

① Il y ( ) du monde dans la rue. (avoir)

② Soudain, je ( ) un bruit bizarre. (entendre)

③ Ils nous ( ) pendant une heure ! (interroger)

④ Souvent, tu ( ) m'accompagner. (vouloir)

⑤ Hier, exceptionnellement, elle ( ) en voiture. (venir)

3. 수동태 문장으로 바꾸시오.

① Mon père va planter les arbres.

→ ( ).

② Le réalisateur dirige les acteurs.

→ ( ).

③ Le ministre visitera le nouveau musée.

→ ( ).

4. 알맞은 소유대명사를 넣으시오.

① J'ai mon projet d'avenir et tu as (   ).

② Ce n'est pas notre voiture, (   ) est rouge.

③ Prête-moi tes notes, je ne trouve plus (   ).

④ Ce sont leurs enfants ? - Oui, ce sont (   ).

• Civilisation •

프랑스 치즈(fromage français)

프랑스 치즈는 고대시대부터 만들어진 이래 중세시대 수도원을 중심으로 제조, 확산되며 이미 7세기경부터 포도주와 함께 프랑스 음식문화의 상징이 된다. 치즈는 프랑스 식탁에서 절대 빼놓을 수 없는 것으로 프랑스인들에게는 기본이 되는 음식이다. 오늘날 프랑스인 한 명이 연간 소비하는 치즈의 양은 평균 15kg 이상에 달한다. 프랑스에서 생산되는 치즈의 종류도 350-400여 종에 이른다. 그 중에서도 고대 이래 오랜 역사를 자랑하는 로크포르(Roquefort) 치즈와 캉탈(Cantal) 치즈, 중세에 그 기원을 두고 있는 브리(Brie) 치즈와 콩테(Comté) 치즈, 리바로(Livarot) 치즈, 그리고 18세기부터 제조되기 시작한 카망베르(Camembert) 치즈 등이 프랑스를 대표하는 치즈들로 유명하다. 그 밖에도 프랑스는 전통과 지방색이 살아있는 다양한 농장 치즈들 덕분에 여전히 세계적 수준의 치즈를 생산하는 '치즈의 나라'로 그 명성을 이어가고 있다.

Beurre,crème d'Isigny
Livarot
Neufchâtel
Brie de Melun
Brie de Meaux
Chaource
Selles sur Cher
Camembert de Normandie
Pont l'Evêque
Maroilles
Crottin de Chavignol
Epoisses
Sainte Maure
Valençay
Langres
Pouligny Saint Pierre
Munster Géromé
Beurre Charente-Poitou
Chabichou du Poitou
Comté
Mont d'Or
Mâconnais
Saint Nectaire
Abondance Fermier
Bleu de Gex
Bleu d'Auvergne
Reblochon
Cantal
Salers
Beaufort
Rocamadour
Pélardon des Cévennes
Banon
Chevrotin
Laguiole
Tomme des Bauges
Ossau Iraty
Roquefort
Picodon
Morbier
Brocciu
Bleu des Causses
Fourme d'Ambert
Rigotte de Condrieu
Sassenage
Lille
Rouen
Paris
Metz
Strasbourg
Rennes
Orléans
Nantes
Dijon
Besançon
Poitiers
Lyon
Bordeaux
Grenoble
Toulouse
Montpellier
Marseille
Ajaccio
Nord
Normandie
Île de France
Champagne
Alsace
Val de Loire
Jura
Bourgogne
Poitou
Auvergne
Savoie
Périgord
Lyonnais
Pyrénées
Corse

Leçon 17

Au musée d'Orsay

Paul : Mina, viens voir ce tableau de Van Gogh.

Mina : Je passerai d'abord dans la salle de Monet. J'aime les Nymphéas. Quelle harmonie !

Isabelle : Paul, je reviendrai vers toi quand j'aurai fini la salle de Renoir. C'est mon peintre préféré. Il s'intéressait beaucoup aux silhouettes des femmes.

Paul : Enfin, vous voici ! Nous devrons découvrir le charme irrésistible chez Van Gogh.

Mina : Combien il a souffert dans sa vie ! Pauvre Van Gogh ! Mais il est devenu un des peintres les plus appréciés du monde.

Isabelle : J'aimerais voir son autoportrait. C'est impressionnant.

Paul : Il aimait Gauguin mais un jour, ils se sont disputés. Gauguin l'a quitté. Désespéré, Van Gogh s'est coupé l'oreille droite.

Mina : On dit que l'on trouve beaucoup de traces de Van Gogh à Auvers-sur-Oise.

Paul : Nous pourrons y aller ensemble à la recherche de sa trace ce samedi ? Allez, s'il vous plaît.

Isabelle : Moi, je serai disponible. Et toi, Mina ?

Mina : Dommage ! J'ai déjà pris un rendez-vous ce samedi. Mais j'essaierai de l'annuler.

Paul : Que tu es adorable ! Si ça marche, tu nous y rejoindras vers 14 heures.

Mina : Je ferai de mon mieux pour être avec vous ce samedi.

Isabelle : Je te téléphonerai quand nous aurons détaillé notre programme de visite sur ce lieu mémorable.

Mina : Merci bien. À samedi.

Vocabulaire

annuler, apprécié(e), autoportrait, charme, (se) couper, découvrir, désespéré(e), disponible, (se) disputer, dommage, harmonie, impressionnant(e), (s') intéresser, irrésistible, mémorable, nymphéas, préféré(e), rejoindre, tableau, silhouette, souffrir, trace

• Grammaire & Expressions •

1 Le futur simple(단순미래)

미래를 계획하거나 예측할 때 사용

1) 형태 :

• 제1, 2군 규칙동사는 동사원형 자체가 어간.

• 're'로 끝나는 동사는 e를 뺀 나머지가 어간 (단 être, faire는 예외)

je	-ai	nous	-ons
tu	-as	vous	-ez
il / elle	-a	ils / elles	-ont

2) 규칙 변화형(Formation régulière)

chanter	finir	boire	entendre
je chanterai tu chanteras il / elle chantera nous chanterons vous chanterez ils / elles chanteront	je finirai tu finiras il / elle finira nous finirons vous finirez ils / elles finiront	je boirai tu boiras il / elle boira nous boirons vous boirez ils / elles boiront	j'entendrai tu entendras il / elle entendra nous entendrons vous entendrez ils / elles entendront

☞ Attention !

-oyer, -uyer, -ayer 동사

essuyer......... j'essuierai   nettoyer.......... je nettoierai

3) 불규칙 변화형(Formation irrégulière)

avoir	être	aller	faire
j'aurai	je serai	j'irai	je ferai
tu auras	tu seras	tu iras	tu feras
il / elle aura	il / elle sera	il / elle ira	il / elle fera
nous aurons	nous serons	nous irons	nous ferons
vous aurez	vous serez	vous irez	vous ferez
ils / elles auront	ils / elles seront	ils / elles iront	ils / elles feront

savoir.... je saurai

voir........ je verrai

envoyer....... j'enverrai

pouvoir... je pourrai

mourir.... je mourrai

courir......... je courrai

devoir.... je devrai

recevoir... je recevrai

falloir......... il faudra

venir..... je viendrai

vouloir... je voudrai

4) 용법

Dans deux ans, je partirai en France.

Un jour, tu te marieras.

Quand nous serons vieux, nous vivrons à la campagne.

Plus tard, tu pourras faire ce que tu veux.

② Le futur proche / le futur simple(근접미래 / 단순미래)

• 근접미래

가까운 시일 내에 실현가능성이 있는 사건, 행위 또는 앞으로 일어날 변화

Regarde le ciel : il va pleuvoir !

Ils vont avoir un bébé en décembre.

Je termine mon master ici. Après, je vais partir à Toulouse pour faire mon doctorat.

• 단순미래

아직 실현되지 않은 사건, 행위가 불확실한 막연한 미래 또는 계획

Un jour, tu quitteras tes parents. (언제일지 정확히 알지 못함)

Ils auront beaucoup d'enfants. (몇 명일지 언제일지 정확히 모름)

앞으로 일어날 변화는 근접미래, 그것들의 결과는 단순미래 사용

On va recevoir de nouveaux ordinateurs et on gagnera du temps.

③ Le futur antérieur(전미래)

1) 형태

조동사 être 또는 avoir의 단순미래 + 과거분사

finir	partir	se lever
j'aurai fini	je serai parti(e)	je me serai levé(e)
tu auras fini	tu seras parti(e)	tu te seras levé(e)
il/elle aura fini	il/elle sera parti(e)	il/elle se sera levé(e)
nous aurons fini	nous serons parti(e)s	nous nous serons levé(e)s
vous aurez fini	vous serez parti(e)(s)	vous vous serez levé(e)(s)
ils/elles auront fini	ils/elles seront parti(e)s	ils/elles se seront levé(e)s

2) 용법

• 미래의 어느 시점에 완료되어 있을 동작 → 미래완료

J'aurai fini mon devoir quand ma mère rentrera.

• 어떤 시점에는 완료되어 있을 동작

On sera arrivé dans deux heures.

Tu auras achevé ce travail à trois heures.

• 과거 사실에 대한 추측

Elle aura oublié de fermer la fenêtre.

• 완곡한 표현

Vous serez rentré quand je sortirai.

• Exercices •

1. 주어진 동사를 단순미래시제로 변형시키시오.

① Tu (　　　　) bientôt une bonne nouvelle. (avoir)

② Je (　　　　) plus tard. (appeler)

③ Dans cinq ans, nous (　　　　) à la campagne. (habiter)

④ Il (　　) dans une heure. (partir)

2. 보기와 같이 단순미래시제로 변형시키시오.

보기	Aujourd'hui, ils habitent en France. → Mais plus tard, ils habiteront en Corée.

① Aujourd'hui, je vis tout seul.

Mais plus tard, je (　　　　) avec ma copine.

② Cette semaine, nous sommes très occupés.

Mais la semaine prochaine, nous (　　　　) plus disponibles.

③ En ce moment, elle est malade.

Mais bientôt elle (　　　　) en bonne forme.

④ Actuellement, il travaille à Séoul,

mais plus tard, il (　　　　) à l'étranger.

3. 단순미래 혹은 근접미래 중에서 알맞은 답을 고르시오.

① Nous habitons un studio. Mais plus tard, nous (allons changer / changerons) d'appartement.

② Attention ! Le train numéro 455 (va partir / partira).

③ En 2024, beaucoup de coréens (vont visiter / visiteront) Paris.

④ Quand nous arrivons aux Alpes, nous (allons faire / ferons) du ski.

4. 보기와 같이 주어진 동사를 단순미래 혹은 근접미래로 바꿔 문장을 완성하시오.

보기	Elle (　　　) (arriver) à Londres et elle (　　　) (téléphoner) à ses parents. → Elle va arriver à Londres dans une heure et elle téléphonera à ses parents.

① Je (　　　　) (déménager) et je (　　　　) (envoyer) ma nouvelle adresse à mes amis.

② Nous (　　　　) (aménager) la terrasse et nous (　　　　) (pouvoir) dîner dehors.

③ On (　　　　) (acheter) un ordinateur et on (　　　　) (faire) des achats sur internet.

④ Tu (　　　　) (prendre) une aspirine et tu (　　　　) (se sentir) mieux.

5. 주어진 동사를 전미래시제로 변형시키시오.

① Dans deux jours, vous (　　　　) ma lettre. (recevoir)

② Mon mari n'est pas encore rentré. Peut-être, il (　　　　) un accident. (avoir)

③ Tu achèteras une voiture quand tu (　　　　) le permis de conduire. (avoir)

④ Venez dans mon bureau quand vous (　　　　) votre travail. (terminer)

• Civilisation •

인상주의(Impressionisme)와 모네(Claude Monet)

인상주의는 1860년대 초반 프랑스에서 출발하여 1890년대까지 유럽 화단을 개혁한 대표적인 화풍이다. 인상주의 화가들 대부분은 제각기 개성과 기질에 따라 물질화되고 현대화된 파리의 모습을 화폭에 담아낸다. 경마, 뱃놀이, 카페, 야외놀이를 비롯하여 부르주아들의 일상적인 삶이 인상주의 화가들의 주된 소재가 된다.

그 누구보다도 모네는 기차역의 지붕 아래 기차가 내뿜는 푸른 색채의 증기, 그 뒤로 희미하게 보이는 파리의 건물들, 여가를 즐기기 위해 전원으로 떠나는 사람들을 표현한 화가이다. 또한 그는 1870년대 초부터 파리 근교에 살며 전원의 풍경을 그림의 소재로 삼는다. '아르장퇴유(**Argenteuil**)'와 '베퇴유(**Vétheuil**)'를 거쳐 '지베르니(**Giverny**)'에 정착한 그는 자연이 제공하는 순간적인 인상과 다양한 색채를 통한 연작 시리즈를 완성한다. 그 곳에 그는 프랑스의 토종 식물과 이국적인 식물들을 심고, 수련이 가득한 연못을 조성하며, 그 연못 위에 일본풍 다리를 설치한다. 그가 '나의 가장 아름다운 걸작'이라고 칭한 수련 시리즈를 그려낸 곳도 바로 그 다리 위에서이다. 오랜 시간 동안 모네가 수련에 집착한 이유는 끊임없이 흐르는 시간의 흐름을 붙잡아 두고자 하는 열망과 시간의 흐름에 따라 변화하는 빛과 색채를 자신의 화폭에 담아내고 싶었기 때문이다.

Réservation (avion, hôtel)

Pierre : Bonjour Madame. Je voudrais réserver trois billets d'avion aller-retour pour New-York.

Réceptionniste : Bonjour Monsieur. Vous partirez quand ? Pourriez-vous me préciser les dates ?

Pierre : Nous partons en classe économique le 15 et retournons le 23 janvier.

Réceptionniste : Bien noté. Je reviendrai vers vous dès que possible.

Souji : Pierre, tu t'es renseigné pour nos places dans l'avion ?

Pierre : Oui, oui. J'aurais aimé réserver la place en classe affaire.

Jean : Tu es fou ! Nous sommes étudiants. Impossible de payer si cher !

Pierre : Si j'avais des moyens, j'achèterais nos billets en classe affaire.

Souji : L'important, c'est de pouvoir partir ensemble.

Jean : Si mes parents avaient été riches, j'aurais été prêt à le leur demander pour une fois.

Souji : Hé, soyons raisonnables. On ne devrait pas trop rêver dans la vie.

Pierre : Souji, tu serais gentille de consulter le site Air B&B et de réserver un appartement propre à un prix abordable pour nous trois.

Souji : Entendu. Mais j'aurais besoin de votre aide. Sinon, je ne pourrais pas garantir la réservation.

Jean : Pas de souci. Téléphone-nous au cas où tu aurais des problèmes.

Souji : J'ai de la chance d'avoir des copains comme vous. Bonne soirée !

Vocabulaire

abordable, avion, billet, cas, classe affaire, classe économique, consulter, dès, entendu(e), garantir, impossible, moyen, noté(e), raisonnable, réceptionniste, (se) renseigner, réservation, réserver, préciser, problème, rêver, site, souci

1 Le conditionnel présent(조건법 현재)

1) **형태** : 직설법 단순미래의 어간 + 반과거의 어미

• 단순미래의 어간 - 1. 2군 동사는 부정법 자체가 어간

-부정법의 어미가 -re인 동사는 어미의 'e'를 뺀 나머지

• 반과거 어미 :

je	-ais	nous	-ions
tu	-ais	vous	-iez
il / elle	-ait	ils / elles	-aient

2) **규칙 변화형**(Formation régulière)

manger	finir	prendre
je mangerais tu mangerais il / elle mangerait nous mangerions vous mangeriez ils / elles mangeraient	je finirais tu finirais il / elle finirait nous finirions vous finiriez ils / elles finiraient	je prendrais tu prendrais il / elle prendrait nous prendrions vous prendriez ils / elles prendraient

3) **불규칙 변화형**(Formation irrégulière)

avoir	être	aller	faire
j'aurais tu aurais il / elle aurait nous aurions vous auriez ils / elles auraient	je serais tu serais il / elle serait nous serions vous seriez ils / elles seraient	j'irais tu irais il / elle irait nous irions vous iriez ils / elles iraient	je ferais tu ferais il / elle ferait nous ferions vous feriez ils / elles feraient

savoir.... je saurais voir.... je verrais envoyer.... j'enverrais
pouvoir.... je pourrais devoir.... je devrais venir.... je viendrais
vouloir.... je voudrais falloir.... il faudrait tenir.... je tiendrais

4) 용법

- 완곡한 표현

Je voudrais avoir un renseignement. (정중 또는 예절)

Excusez-moi, pourriez-vous me rendre un petit service ?

Tu pourrais venir chez moi samedi soir ? (제안 또는 조언)

J'aimerais savoir nager. (욕구, 요구 또는 소망)

- 가능한 현실

On pourrait aller au musée.

- 확인되지 않은 정보(추측)

Il a plu toute la nuit. Le ciel est gris : il pourrait pleuvoir dans la journée.

- 간접화법의 종속절에서 주절의 과거보다 앞선 사실 (과거 속의 미래) :

Elle m'a dit : 《Ma mère partira en voyage.》

→ Elle m'a dit que sa mère partirait en voyage.

Il m'a écrit : 《Je t'attendrai au café de Flore.》

→ Il m'a écrit qu'il m'attendrait au café de Flore.

Il m'a dit : 《Je serai de retour avant midi.》

→ Il m'a dit qu'il serait de retour avant midi.

Elle m'a dit : 《Je téléphonerai de la station de bus.》

→ Elle m'a dit qu'elle téléphonerait de la station de bus.

• 조건법 si절에서 현재 사실에 대한 비현실적 가정

→ si + 반과거, 조건법 현재

Si j'avais le temps, je passerais chez toi.

Aujourd'hui, s'il ne pleuvait pas, j'irais en campagne.

• 조건법 현재 또는 과거에서 반드시 si를 수반하지 않음.

Sans toi, je ne pourrais réussir à l'examen.

Moi, à votre place, je resterais ici.

• 가설을 표현할 때 〈au cas où〉

Au cas où vous auriez des problèmes, téléphonez-moi.

Au cas où il n'y aurait pas de bus, appelle-moi.

② Le conditionnel passé(조건법 과거)

조동사 avoir 또는 être의 조건법 현재 + 과거분사

avoir		être	
j'aurais	aimé	je serais	allé(e)
tu aurais	eu	tu serais	venu(e)
il / elle aurait	été	il / elle serait	descendu(e)
nous aurions	choisi	nous serions	passé(e)s
vous auriez	connu	vous seriez	resté(e)(s)
ils / elles auraient	pris	ils / elles seraient	rentré(e)s

• 확실하지 않은 정보(추측)

L'accident d'avion aurait fait deux cents victimes.

Violentes inondations dans l'Ouest : il y aurait eu des dizaines de maisons détruites.

• 회한 또는 비난

J'aurais aimé faire des études françaises.

Tu aurais pu me laisser les clés chez le voisin.

• 간접 화법에서 과거 속의 전미래

Il m'a dit que son père serait parti en voyage avant midi.

Il m'avait promis qu'il écrirait dès qu'il serait arrivé.

• 조건법 si절에서 과거 사실에 대한 비현실적 가정 또는 추측

→ si + 직설법 대과거, 조건법 과거

Si j'avais eu le temps, je vous aurais écrit.

Si on m'avait invité, je serais allé au restaurant.

• Exercices •

1. 주어진 동사를 조건법 현재로 변형시키시오.

① Si tu avais le temps, nous (   ) voir le football. (aller)

② Au cas où vous (   ) un problème, contacte-moi immédiatement. (avoir)

③ Sans toi, je ne (   ) réussir à l'examen. (pouvoir)

④ Je (   ) y aller tout de suite. (vouloir)

2. 주어진 동사를 조건법 과거로 변형시키시오.

① Si j'étais devenu ingénieur, mon père (   ) (être) content.

② Tu (   ) (devoir) me demander pardon.

③ Si nous avions mieux écouté, nous (   ) (comprendre)

④ Si elle avait fait du sport, elle (   ) une bonne santé. (garder)

3. 조건법 현재 또는 조건법 과거로 변형시키시오.

① Il m'a dit qu'il (   ) l'hiver en Corée. (passer)

② Si elle avait davantage travaillé, elle (   ) sa licence. (avoir)

③ Je (   ) savoir faire du ski. (aimer)

④ Si nous avions pu, nous (   ) un congé. (prendre)

4. 한국어로 옮기시오

① Pourriez-vous me laisser passer ? ....

② L'important c'est la solidarité. ....

③ Sois sage. ....

공항(Aéroport)

• 파리 샤를 드 골 공항(Aéroport de Paris-Charles-de-Gaulle, CDG)

일반적으로 '루아시 공항'이라고 불리는 샤를 드 골 공항은 파리 북동쪽으로 23km 거리에 위치한 프랑스의 제1 국제공항으로 프랑스 전 대통령 '샤를 드 골'의 이름에서 유래한다. 이 공항은 3개의 여객 터미널과 1개의 화물 터미널을 갖추고 있다. 에어 프랑스, 대한항공, 아시아나 항공이 우리나라에서 직항으로 운항하는데, 아시아나 항공은 제1터미널(**CDG**1)을, 에어 프랑스와 대한항공은 제2터미널(**CDG**2)의 **E**터미널을 사용한다. 제3터미널은 주로 전세기와 저가 항공사가 사용 중이다.

• **파리 오를리 공항**(Aéroport de Paris-Orly, ORY)

오를리 공항은 샤를 드 골 국제공항(**CDG**)이 지어지기 전에 파리의 관문 역할을 했으나, 국제선 주요 노선들이 **CDG**로 이전한 후로 주로 단거리 국제선 및 국내선이 운항 중이다. **CDG**에 비하면 시내와 가까운 거리에 위치하나 시내 접근성은 좋지 않다.

• **파리 르 부르제 공항**(Aéroport de Paris-Le Bourget, LBG)

파리의 북동쪽으로 13km 거리에 있는 이 공항은 1919년 제1차 세계대전이 끝난 후 개항한 군용기 공항으로 파리에서 가장 오래된 공항이다. 그러나 이 공항은 1932년에 지어진 파리 오를리 공항과 1974년 문을 연 **CDG**로 이관되어 간 이후 소형 경비행기가 부정기적으로 이착륙하는 비행장으로 사용되다가 현재 항공 박물관으로 개조되었다.

호텔(Hôtel)

프랑스에는 5성급 호텔 중에서도 최상위권 호텔에만 부여하는 '팔라스 등급 Distinction Palace' 인증 시스템이 있다. 프랑스 관광청은 2009년에 최고의 5성급 호텔을 선정하여 팔라스 등급 인증제를 도입하였다. 이 인증을 받기 위해서는 프랑스 관광청이 제시한 까다로운 기준을 준수해야 하고 전 세계에 프랑스의 이미지를 드높일 수 있는 탁월한 품격을 갖추어야 한다. 먼저 프랑스 관광청이 실시하는 자격 심사를 통과해야 한다. 투숙객에게 필수적으로 제공해야 하는 항목으로는 피트니스 공간과 스파, 다국어 구사가 가능한 스태프와 컨시어지 서비스 등이 있다. 두 번째 단계로는 경험 많은 패널들의 심사를 거쳐야 한다. 호텔의 위치와 역사, 외관, 개성, 스태프의 참여도, 미식 레스토랑, 친환경 정책 이외에도 여러 항목에서 합격점을 받아야 한다. 현재 프랑스에서 팔라스 등급 인증을 받은 호텔은 25곳인데, 그 중 파리에 소재한 호텔은 10곳이다.

• **크리용 호텔**(Hôtel de Crillon, A Rosewood Hotel)

이 호텔은 18세기에 축조된 건물로 콩코르드 광장에 위치하며 파리의 아이콘이다. 건축가 '리샤르 마르티네(Richard Martinet)'의 감독 하에 4년간의 리모델링 공사를 마치고 2017년 7월에 새롭게 오픈했다. 파리풍의 우아함과 섬세함의 결정체로 명성이 자자하다.

• **라 레제르브 파리**(La Réserve Paris)

샹젤리제 근처에 위치한 이 호텔에서는 '그랑팔레(Grand Palais)'를 소망할 수 있어 꿈같은 시간을 보낼 수 있다. 매우 우아한 이 호텔은 가브리엘 가에 위치한 저택을 개조하였다. 160년 전에 지어진 오스만 스타일의 전통 건축 양식과, 미셸 레이비에(Michel Reybier)가 구현한 프랑스식 멋스러운 건축 양식이 조화를 이룬다.

• **파크 하얏트 파리 방돔**(Hôtel Park Hyatt Paris Vendôme)

파리 중심에 위치한 이 호텔은 유명한 건축가 '에드워드 터틀(**Edward Tuttle**)'이 현대적 감성으로 재건축하여 행인들의 눈길을 사로잡는다. 인테리어가 돋보이는 이 호텔은 파리적인 우아함의 대명사이다. 특히 '타블 드 셰프(**Table de Chef**)' 레스토랑의 '장 프랑수아 루케트(**Jean-François Rouquette**)' 셰프의 요리는 이 호텔의 상징이다.

• **르 로얄 몽소**(Le Royal Monceau)

예술과 문화로 영혼을 채울 수 있는 이 호텔은 파리의 전설적인 곳이다. 이곳에는 서점, 현대미술 갤러리, 영화관과 아트 컨시어지 서비스 등이 구비되어 있다. 또한 미슐랭 스타 셰프 '로랑 앙드레(**Laurent André**)'와 유명한 파티셰 '피에르 에르메(**Pierre Hermé**)'가 운영하는 레스토랑에서 색다른 미식 경험을 할 수 있다.

• 샹그릴라 파리(Le Shangri-La Paris)

2009년에 역사적 기념물로 등록된 이 호텔은 '롤랑 보나파르트(Roland Bonaparte)' 왕자가 거주했던 곳으로 동양적 분위기와 프랑스적 생활양식이 잘 어우러진 곳이다. 에펠탑과 센 강이 내려다보이는, 몽테뉴 거리와 샹젤리제 거리의 주변에 위치한 이 호텔에서는 파리 시내를 조망할 수 있다. 총괄 셰프 '크리스토프 모레 (Christophe Moret)'의 요리는 이 호텔의 자랑이다.

• 만다린 오리엔탈 파리(Mandarin Oriental Paris)

루브르 박물관 근처에 위치한 이 호텔은 오뜨 꾸뛰르의 우아함을 연상시킨다. 미슐랭 스타 셰프 '티에리 막스(Thierry Marx)'가 운영하는 '쉬르 므쥐르(Sur Mesure)' 레스토랑에서 특별한 미식 경험을 할 수 있다.

• 호텔 플라자 아테네(Hôtel Plaza Athénée)

파리의 샹젤리제 몽테뉴 가에 위치한 이 호텔은 돌체스터 컬렉션(Dorchester collection) 사에 속한 고급 호텔이다. 플라자 아테네는 1911년 건축가 샤를 르페브르(Charles Lefèbvre)와 루이 뒤아용(Louis Duhayon)이 설계한 절충주의 스타일의 8층 건물로 화려한 외관이 행인의 시선을 사로잡는다. 2014년 9월, 객실과 로비, 레스토랑 등을 대대적으로 리모델링하여 새롭게 문을 연 뒤 제2의 전성기를 맞고 있다. 파리풍으로 가득한 플라자 아테네는 슈페리어 룸부터 로얄 스위트까지 다양한 객실을 구비하고 있다. 고급스러운 인테리어, 세계 유일의 미슐랭 나인 스타 알랭 뒤카스(Alain Ducasse) 셰프의 지휘 아래 운영되는 레스토랑, 축제 분위기를 풍기는 장소들, 편안한 휴식을 누릴 수 있는 '디올 스파(Dior Institut)', 그리고 개인 맞춤 서비스에 이르기까지 파리의 독보적인 호텔이다.

Leçon19

À la place du pont de l'Alma

Mina : Nous sommes devant le stèle de la Princesse Diane.

Jonsou : Je regrette qu'elle soit morte d'un accident de voiture.

Mina : J'ai été choquée par cette nouvelle. Elle est une des plus chaleureuses femmes que j'aie connue.

Anne : Je me souviens que tout le monde souhaitait qu'elle soit sauvée.

Mina : C'est la vie. Je ne crois pas que la vie soit toujours belle. Nous devons avoir du courage pour l'accepter.

Jonsou : N'oubliez pas que nous ayons rendez-vous avec mes parents ce soir. Ils vont nous emmener dans un restaurant chic.

Anne : Ne t'inquiète pas. Nous sommes très ravies de les rencontrer. Je suis là malgré que je sois occupée aujourd'hui.

Jonsou : Penses-tu qu'il puisse venir Michel, lui aussi ? Je n'ai pas de nouvelle de sa part.

Mina : Moi non plus. J'aimerais bien qu'il soit avec nous.

Anne : Je ne crois pas qu'il puisse venir. Je suppose qu'il ait attrapé la grippe.

Jonsou : Tant pis ! D'abord, la santé. Nous verrons pour une autre fois avec Michel.

Mina : J'espère que tes parents ne soient pas trop déçus de son absence.

Vocabulaire

absence, accepter, accident, attraper, autre, chaleureux(se), chic, choquer, croire, déçu(e), emmener, espérer, femme, fois, grippe, (s') inquiéter, malgré, mourir, occupé(e), oublier, parents, part, pis, pont, princesse, ravi(e), regretter, santé, sauver, (se) souvenir, souhaiter, stèle, supposer, tant, toujours, tout(e), vie, voiture

• Grammaire & Expressions •

1 Le subjonctif(접속법)

1) 접속법 현재

(1) 형태 : 직설법 현재형 3인칭 복수 어간 + 접속법 어미

• 어간 : 직설법 현재 3인칭 복수에서 어미 -ent를 뺀 부분

trouver → ils trouvent → trouv-

finir → ils finissent → finiss-

attendre → ils attendent → attend-

partir → ils partent → part-

예외 faire .... (que) je fasse, pouvoir.... (que) je puisse

savoir.... (que) je sache, vouloir.... (que) je veuille

aller.... (que) j'aille, falloir.... (qu') il faille

être.... (que) je sois, avoir.... (que) j'aie

• 접속법 어미 :

je	-e	nous	-ions
tu	-es	vous	-iez
il / elle	-e	ils / elles	-ent

• 주요 동사의 접속법 현재형

trouver	finir	être	avoir
(que) je trouve	(que) je finisse	(que) je sois	(que) j'aie
tu trouves	tu finisses	tu sois	tu aies
il / elle trouve	il / elle finisse	il / elle soit	il / elle ait
nous trouvions	nous finissions	nous soyons	nous ayons
vous trouviez	vous finissiez	vous soyez	vous ayez
ils / elles trouvent	ils / elles finissent	ils / elles soient	ils / elles aient

(2) 용법

• 주절의 동사가 희망, 명령, 금지, 요구 등을 나타낼 때

Je souhaite que vous soyez là demain.

Je défends que tu fumes dans cette salle.

• 주절에 기쁨, 두려움, 유감 등 감정을 나타내는 동사 및 표현이 있을 때

Il est content que nous partions avec lui.

Tu as peur que je fasse une erreur.

• 판단, 의혹을 나타내는 동사가 부정이나 의문의 형태로 쓰일 때

Je ne pense pas qu'elle revienne demain.

Croyez-vous qu'il ait raison ?

• 주절이 의무, 필요, 가능성, 추측 등을 나타내는 비인칭 구문일 때

Il faut que j'aille à la banque.

Il est possible que cela se produise.

• 시간, 목적, 양보, 조건 등을 나타내는 상황절에서

Allons-y avant qu'il pleuve.

Je prie pour que tout aille bien.

2) 접속법 과거

(1) 형태: 조동사 avoir 또는 être의 접속법 현재 + 과거분사

(2) 용법

• 주절의 사실보다 한 시제 앞선 사실

Il regrette qu'elle soit partie.

C'est dommage que vous ayez dû annuler la réunion.

• 제한된 시간과의 관계에서 완료된 사실

Il faut que j'aie fini mon travail vers 16 heures.

Je veux qu'ils soient rentrés avant minuit.

2 Le participe présent et le gérondif(현재분사와 제롱디프)

1) 현재분사

(1) 형태

• 단순형

어간 : 동사의 직설법 현재 1인칭 복수형에서 어미 -ons를 뺀 부분

어미 : -ant

parler → nous parlons → parl- → parlant

finir → nous finissons → finiss- → finissant

faire → nous faisons → fais- → faisant

특수한 형태 avoir → ayant, être → étant, savoir → sachant

• 완료형: 조동사 avoir 또는 être의 현재분사 + 과거분사

(2) 용법

• 형용사적 기능

J'ai vu les enfants jouant dans le parc.

L'hôtel a une vue donnant sur la mer.

• 분사구문으로 시간, 원인, 조건, 가정, 양보 등을 표시

Revenant d'une promenade, j'ai rencontré une amie.

Étant très pressé, il a pris un taxi.

Ayant déjeuné, nous nous sommes promenés.

2) 제롱디프

(1) 형태: en + 현재분사

(2)용법: 상황보어로서 시간(동시성), 원인, 수단, 조건, 양보 등을 표시

Elle écoute de la musique en lisant.

En ayant mal à la tête, je me repose.

3) 현재분사와 제롱디프의 차이

• 현재분사는 형용사적 의미로 쓰이며, 가까이 있는 (대)명사를 수식

J'ai rencontré mon ami allant à la maison. (mon ami를 수식)

Allant à la maison, j'ai rencontré mon ami. (je를 수식)

• 제롱디프는 항상 부사적 의미로 쓰이며, 주절의 동사를 수식

J'ai rencontré mon ami en allant à la maison.

En allant à la maison, j'ai rencontré mon ami.

3 tout / toute / tous / toutes

Tout le monde aime le week-end.

Il pleut toute la journée.

On se promène tous les jours.

Anne va au cinéma toutes les semaines.

• Exercices •

1. 주어진 동사를 접속법 현재형으로 변형시키시오.

① Je demande que tu me (　　　　　　). (écouter)

② Il est utile que vous (　　　　　　) le subjonctif. (savoir)

③ Il va au bureau malgré qu'il (　　　　　　) malade. (être)

④ Afin que vous (　　　　　　) à l'heure, vous vous dépêchez. (arriver)

2. 주어진 동사를 접속법 과거형으로 변형시키시오.

① On est désolé qu'ils (　　　　　　) le match. (perdre)

② Elle regrette que tu (　　　　　　) le rendez-vous. (annuler)

③ Je suis content que vous (　　　　　　) une décision. (prendre)

④ Il faudra que je (　　　　　　) mon travail vers 17 heures. (finir)

3. 주어진 동사를 이용하여 제롱디프 구문을 만드시오.

① Il a répondu (　　　　　　). (rire)

② L'enfant est tombé (　　　　　　) dans le jardin. (jouer)

③ J'ai appris la nouvelle (　　　　　　) au bureau. (arriver)

④ (　　　　　　) un diplôme, elle pourra obtenir un travail. (avoir)

4. 알맞은 tout의 형태(tout, toute, tous, toutes)를 넣으시오.

① Il parcourt (　　　　　　) la France.

② (　　　　　　) le monde désire la paix.

③ Le bus passe (　　　　　　) les dix minutes.

④ Je me lève à 7 heures (　　　　　　) les matins.

• Civilisation •

샹송(chanson française)

'샹송(chanson)'은 프랑스어로 가요 또는 노래를 의미하는 말로, 흔히 프랑스의 대중가요를 지칭한다. 프랑스의 샹송은 그 형식과 내용에 있어서 다른 나라의 대중음악과는 비교되는 독특한 특징들이 있다.

샹송은 원칙적으로 쿠플레(couplet)라 불리는 스토리 부분과 르프랭(refrain)이라 불리는 반복 부분으로 구성된다. 이러한 샹송의 원칙적인 형태는 이미 12세기, 트루바두르(troubadour)라 불리는 음유시인들의 시대에 완성되었다. 전통적으로 샹송은 시와 음악이 결합된 형식이다.

샹송은 대체로 자유롭게 이야기하듯이 부르는 것이 또 하나의 특징이다. 가사는 일상적인 대화에서 사용하는 알기 쉬운 말로 쓰거나 또는 은어를 섞어서 쓴다. 그 내용도 대중적인 내용, 주로 평범하고 단순한 내용으로 이루어진다. 주제 또한 매우 다양하고 폭이 상당히 넓다.

세계의 대중음악 중에서도 특히 샹송은 가사를 중요시하는 경향이 강하다. 샹송의 가사가 대체로 한 편의 드라마나 소설처럼 줄거리가 있고, 마치 시처럼 아름답고 깊은 정서를 표현하는 것도 바로 그러한 연유라 할 수 있다. 따라서 샹송 가수는 단지 멜로디를 노래하는 것 이상으로 가사의 내용을 전달하는 데 보다 주의를 기울인다.

오늘날 샹송은 외국 대중음악의 유입을 비롯하여, 음반의 보급, 방송과 영화 등 대중매체의 발달 등에 의해 변화와 발전을 거듭해오고 있다. 그 동안 현대 프랑스 샹송의 역사와 함께 한 위대한 샹송가수들도 수없이 많다. 에디트 피아프(Édith Piaf), 조르주 브라상스(Georges Brassens), 모리스 슈발리에(Maurice Chevalier), 미레유 마티외(Mireille Mathieu), 바르바라(Barbara), 샤를 트레네(Charles Trenet), 레오 페레(Léo Ferré)......

또한 샤를로트 갱스부르(Charlotte Gainsbourg), 파트리샤 카스(Patricia Kaas), 카를라 브

뤼니(Carla Bruni), 쉬멘 바디(Chimène Badi) 등도 현재 왕성하게 활동하고 있는 인기 있는 유명 샹송가수들이다.

Leçon 20

Les animaux domestiques

Jean : Bonsoir Sophie. Aurais-tu le temps d'aller boire un coup maintenant ?

Sophie : J'aimerais mais c'est pas possible. J'aurais dû promener mon chien hier. Mais je ne pouvais pas le faire. C'était trop tard.

Jean : Tu le promenais le soir s'il faisait beau. Tu t'en occupes bien. Tu ne pourrais pas sauter exceptionnellement ce soir ?

Sophie : Je m'excuse, Jean. Je me sens coupable un peu vis-à-vis de mon chien.

Au revoir, Jean et rentre bien.

Jean : À la prochaine !

Sophie: Bonsoir, papa. Tu vas bien ? Quand je suis rentrée hier soir, tu étais déjà endormi.

Père de Sophie : Désolé, ma fille. J'étais rentré épuisé et alors, j'ai dormi plus de sept heures.

Sophie : Tu te sens mieux ce soir ? Tu m'as promis que tu ferais des randonnées avec moi ce week-end.

Père de Sophie : Promis. Tu connais bien ton père. Je tiens toujours ma parole.

Sophie : Merci, papa. Je compte sur toi.

Vocabulaire

animal, chien, compter, coup, coupable, domestique, endormi(e), épuisé(e), exceptionnellement, hier, maintenant, occuper, parole, peu, promener, promettre, randonnée, sauter, sentir, sur, tard, tenir, vis-à-vis

1 Le plus-que-parfait(대과거)

1) 형태

조동사 avoir 또는 être의 반과거 + 과거분사

parler	
j'avais parlé	nous avions parlé
tu avais parlé	vous aviez parlé
il / elle avait parlé	ils / elles avaient parlé

venir	
j'étais venu(e)	nous étions venu(e)s
tu étais venu(e)	vous étiez venu(e)(s)
il / elle était venu(e)	ils / elles étaient venu(e)s

finir.... j'avais fini, mettre.... j'avais mis,

rester.... j'étais resté(e), descendre.... j'étais descendu(e)

2) 용법

• 과거의 다른 사실보다 선행하는 과거 사실 → 과거완료

Quand il est arrivé au rendez-vous, elle était partie.

Il se promenait le soir après qu'il avait fini son dîner.

• 간접화법의 종속절에서 주절의 과거보다 앞선 사실 → 과거 속의 과거

Il a dit : ≪J'ai raté mon bac.≫ → Il a dit qu'il avait raté son bac.

Elle m'a répondu : ≪Je suis arrivée à l'heure.≫ → Elle m'a répondu qu'elle était arrivée à l'heure.

- 조건법 si절에서 과거 사실에 대한 비현실적인 가정

  S'il avait fait beau hier, j'aurais pu sortir.

  Si Paul n'avait pas conduit si vite, il n'aurait pas eu cet accident.

② Le discours indirect(간접화법)

누군가의 말을 간접적으로 전달할 때 쓰는 표현으로, 종속절을 이끄는 접속사, 주어, 동사의 시제 등에 주의 필요

Tu dis : ≪Je suis malade.≫ (직접화법)

→ Tu dis que tu es malade. (간접화법)

- 주절이 과거일 때는 시제 변화

  Il a dit : ≪Je vais à la poste.≫ (현재)

  → Il a dit qu'il allait à la poste. (반과거)

  Tu as dis : ≪J'ai dormi pendant deux heures.≫ (복합과거)

  → Tu as dis que tu avais dormi pendant deux heures. (대과거)

  Il m'a répondu : ≪Je partirai avec toi.≫ (단순미래)

  → Il m'a répondu qu'il partirait avec moi. (조건법 현재)

- 명령법의 경우, 주절의 시제와 관계없이 'de + 부정법'으로 변화

  Elle m'a dit : ≪Ferme la porte !≫

→ Elle m'a dit de fermer la porte.

③ Avoir le temps de + inf / Avoir du temps pour + inf

(~할 시간이 있다)

J'ai le temps d'aller boire un coup.

On a du temps pour faire du sport.

• Exercices •

1. 주어진 동사를 대과거형으로 변형시켜 문장을 완성하시오.

① Je ( ) les courses samedi. (faire)

② Maman ( ) un coq au vin. (cuisiner)

③ Nous ( ) d'aller en France. (décider)

④ Mes amis ( ) quand j'ai téléphoné. (arriver)

2. 주어진 동사를 대과거형으로 변형시켜 문장을 완성하시오.

① Paul ( ) son repas ? (terminer)

② Vous ( ) la réponse ? (recevoir)

③ Les enfants ( ) de l'école ? (sortir)

④ Tu ( ) une mousse au chocolat ? (goûter)

3. 간접화법으로 바꾸시오.

① Elle dit : ≪Je suis en retard.≫

→ ( ).

② Il m'a dit : ≪J'ai perdu mes lunettes.≫

→ ( ).

③ On a dit : ≪L'ascenseur est en panne.≫

→ ( ).

④ Anna m'a dit : ≪Je reviendrai en mars.≫

→ ( ).

4. 순서에 맞게 다시 쓰시오.

① déjà, quand, je, dormi, suis, hier, tu, rentrée, étais, soir

→ ( ).

② que, promis, tu, as, tu, m', des, ferais, avec, randonnées, moi

→ ( ).

③ tu, il, ton, fait, chien, s', avait, promené, beau, aurais

→ ( ).

5. 프랑스어로 옮기시오.

① 나는 당신을 믿는다.

② 나는 항상 약속을 지킨다.

• Civilisation •

프랑스 결혼 문화(Culture de mariage en France)

프랑스에서 결혼은 법적으로 가족을 구성하는 가장 전통적인 방식으로 여전히 유효하다. 결혼을 하려면 우선 결혼 2개월 전에 시청에 출생증명서를 비롯한 필요 서류를 제출하고 결혼 계획을 시청 게시판을 통해 외부에 공시해야 한다. 결혼식은 결혼 계획 공시 후 최소 10일이 지난 다음, 시청에서 법적 증인들과 친지들이 참석한 가운데 시장의 주례로 간단하게 거행된다. 의무적인 결혼 절차에 해당하는 시청 결혼식에 이어 흔히 성당 결혼식(52%)과 같은 종교 결혼식을 선택하기도 한다.

오늘날 프랑스에서 결혼하는 비율은 2000년을 정점으로 계속해서 낮아지고 있으며 그 숫자도 연간 24만여 건 정도이다. 결혼 연령도 여성 30세, 남성 32세로 점차 늦어지고 있다. 결혼

전에 오랜 기간 동거를 하는 것도 일반적인 양상이다. 뿐만 아니라 프랑스인들은 결혼 대신에 점점 더 팍스(PACS : Pacte civil de solidarité, 시민연대계약)를 선호하는 추세이다.

팍스(PACS)는 1999년, 동성 커플의 법적 지위를 인정하고자 도입하면서 새로운 형태의 가족을 탄생시키게 된 제도이다. 팍스는 법적 결혼은 아니지만 단순 동거 이상의 의미를 지니며, 팍스 부부는 결혼 부부와 동일한 수준의 세금 및 복지 혜택을 받는다. 결혼에 비해 계약과 해지 등 그 절차도 비교적 간단하다. 다양한 이점들은 소수의 동성 커플들은 물론이고 다수의 이성 커플들로 하여금 팍스를 선택하는 주된 동기로 작용한다. 팍스는 첫해 15만여 건이 체결된 이래 꾸준히 증가하여 2017년에만도 19만 3950건이 체결되었다.

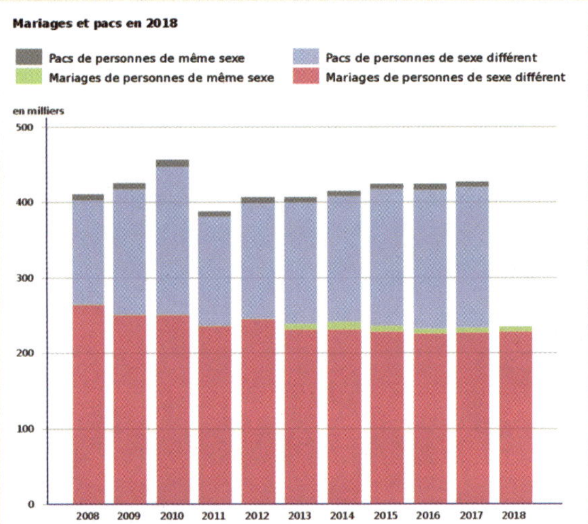

Note : données 2018 non disponibles pour les pacs et provisoires pour les mariages.
Champ : France hors Mayotte jusqu'en 2013 et y compris Mayotte à partir de 2014.
Sources : Insee, statistiques de l'état civil (mariages) ; SDSE, fichiers détails (pacs) ; calculs Insee pour la r
pacs selon le sexe entre 1999 et 2006.

• 사진출처 •

1과

17p. https://en.wikipedia.org › wiki › Rennes(Université Rennes 1 - cloitre faculté d'économie.JPG)

18p. https://en.wikipedia.org › wiki › Gaumont_Film_Com

22p. https://commons.wikimedia.org/wiki/File:R%C3%A9gions_de_France.svg

23p. https://www.usinenouvelle.com/expo/pavillon-ou-drapeau-de-la-france-p99367253.html
https://fr.wikipedia.org/wiki/Embl%C3%A8mes_de_la_France#/media/Fichier:Logo_de_la_République_française_(1999).svg

2과

34p. https://www.chateaudefontainebleau.fr

3과

35p. https://www.facebook.com › Ballet de l'Opéra de Paris

42p. https://onu.delegfrance.org/Francophonie-8628

4과

43p. https://cafedeflore.fr
https://en.wikipedia.org › wiki › Café_de_Flore

44p. https://www.saintgermaindespres.org
https://kr. france.fr

49p. (스트라스부르) https://en.wikipedia.org › wiki › Strasbourg(언어에서 Nederlands선택)
(샤모니) https://en.wikipedia.org › wiki › Chamonix
(툴루즈) https://www.studapart.com/en/student-housing/student-housing-toulouse
(아비뇽) https://ko.wikipedia.org/wiki/%EC%95%84%EB%B9%84%EB%87%BD

50p. (그라스) https://www.smartertravel.com/daily-daydream-grasse-france
(리옹) https://ko.wikipedia.org › wiki › 리옹
(보르도) https://en.wikipedia.org › wiki › Bordeaux
(니스) https://en.wikipedia.org › wiki › Nice
(칼레)https://fr.wikipedia.org/wiki/Calais#/media/Fichier:Calais_hotel_de_ville_face.jpg
(렌) https://www.pariszigzag.fr/Rennes

(아를) https://www.arlestourisme.com/en/the-van-gogh-tour.html

5과

53p. https://en.wikipedia.org › wiki › Femme_au_Chapeau

60p. (루브르 박물관) https://www.louvre.fr

61p. (오르세 박물관) https://www.musee-orsay.fr

(퐁피두 센터) https://www.centrepompidou.fr

6과

62p. https://kr.france.fr

71p. https://www.sorbonne-universite.fr

7과

72p. https://fr.wikipedia.org/wiki/Pont_Neuf#/media/Fichier:P1080150_Paris_Ier_et_VI_pont_Neuf_rwk.JPG

80p. https://www.lacoupole-paris.com

www.lesdeuxmagots.fr

https://cafedeflore.fr

8과

88p~89p. https://fr.wikipedia.org › wiki › Cuisine_française

https://kr.france.fr

9과

90p. https://www.tripsavvy.com/uk-and-paris-to-toulon-french-riviera-1517811

96p. https://fr.wikipedia.org/wiki/F%C3%AAte_de_la_musique#/media/Fichier:FDLM-BlocMarque-Noir.png

https://baz2com.com/fete-de-la-musique-2018-a-paris-et-en-ile-de-france-sortir-paris-paris-3/

97p. https://kr.france.fr

http://en.nicecarnaval.com/photo

10과

98p. http://maisoncollet.wix.com/maisoncollet

105p. https://fr.wikipedia.org/wiki/Auguste_et_Louis_Lumi%C3%A8re#/media/Fichier:Fratelli_Lumiere.jpg

https://fr.wikipedia.org/wiki/Studio_de_cin%C3%A9ma#/media/Fichier:Melies's_Montreuil_studio.jpg
106p. https://en.wikipedia.org › wiki › Cannes
https://fr.wikipedia.org › wiki › Palais_des_Festivals

11과

116p. (봉마르셰 백화점) https://en.wikipedia.org › wiki › Le_Bon_Marché
117p. (사마리텐 백화점) https://en.wikipedia.org › wiki › La Samaritaine
(프랭탕 백화점) https://en.wikipedia.org › wiki › Le Printemps
118p. (갈르리 라파예트) https://en.wikipedia.org › wiki › Galeries Lafayette
https://kr.france.fr
(베아슈베 마레) https://en.wikipedia.org › wiki › Le-BHV-Marais

12과

119p. https://en.wikipedia.org › wiki › Gare_de_Versailles-Château-Rive Gauche
125p. https://fr.wikipedia.org/wiki/Louis_XIV#/media/Fichier:Louis_XIV_of_France.jpg
https://fr.wikipedia.org/wiki/Ballet_de_cour#/media/Fichier:Ballet_de_la_nuit_1653.jpg

13과

127p. https://en.wikipedia.org › wiki › Bastille
134p. (앙팡 루즈 시장) https://en.wikipedia.org › wiki › Les_Halles
(포럼 데 알) https://www.parisinfo.com › Marché couvert les Enfants Rouges
135p. (보두와이예 시장) https://www.parisinfo.com › Marché-Baudoyer
(라스파이 시장) https://www.parisinfo.com › Marché couvert les Enfants Rouges
136p. (클리냥쿠르, 생 투앙 벼룩시장) https://www.parisinfo.com › Marché aux puces de Saint-Ouen
(카로 뒤 탕플 쇼핑몰) https://en.wikipedia.org › wiki › Carreau_du_Temple
137p. https://www.paris.fr. site officiel de la Ville de Paris
『프랑스의 재래시장 운영제도-그 활성화 정책을 중심으로』 p. 82

14과

138p. https://en.wikipedia.org › wiki › Pierre-Auguste_Renoir
145p. https://fr.wikipedia.org › wiki › Viticulture_en_France
147p. https://fr.wikipedia.org › wiki › Vignoble_de_Bordeaux
https://fr.wikipedia.org › wiki › Vignoble_de_Bourgogne

15과

148p. https://en.wikipedia.org › wiki › Gustave_Courbet

156p~157p. https://fr.wikipedia.org › wiki › Cimetières_parisiens

16과

166p. https://parolesdefromagers.com/fromage-mois-avril-camembert/
https://fr.wikipedia.org/wiki/Liste_de_fromages_fran%C3%A7ais#/media/Fichier:Roquefort_cheese.jpg

167p. http://belle-france.over-blog.com/2013/10/les-sp%C3%A9cialit%C3%A9s-fran%C3%A7aise.html

17과

168p. https://en.wikipedia.org › wiki › Vincent_van_Gogh

176p~177p. https://en.wikipedia.org › wiki › Claude Monet

18과

185p. https://www.parisaeroport.fr

187p. (크리용 호텔) https://www.rosewoodhotels.com › hotel-de-crillon
(라 레제르브 파리) https://www.lareserve-paris.com

188p. (파크 하얏트 파리 방돔) https://www.hyatt.com › hotel › france › park-hyatt-paris-vendome
(르 로얄 몽소) https://www.leroyalmonceau.com

189p. (샹그릴라 파리) https://www.shangri-la.com
(만다린 오리엔탈 파리) https://www.mandarinoriental.com

190p. (호텔 플라자 아테네) https://plaza-athenee-hotel-paris.at-hotels.com

19과

191p. https://fr.wikipedia.org/wiki/Pont_de_l%27Alma#/media/Fichier:Paris_sculpture_pont_de_l'alma.jpg

199p. https://fr.wikipedia.org/wiki/Mireille_Mathieu#/media/Fichier:Mireille_Mathieu_-_Düsseldorf_-_23.4.2010.jpg
https://fr.wikipedia.org/wiki/%C3%89dith_Piaf#/media/Fichier:Édith_Piaf_914-6440.jpg
https://fr.wikipedia.org/wiki/Georges_Brassens#/media/Fichier:Brassens_TNP_1966.jpg

20과

207p. https://www.flovinno.com/12743/

208p. https://fr.wikipedia.org/wiki/Pacte_civil_de_solidarit%C3%A9

봉주르 프랑스어

지은이 조화림, 서영민, 강경란
펴낸이 양오봉
펴낸곳 소리내

초판 1쇄 발행 2020. 2. 28
초판 2쇄 발행 2024. 2. 20

소리내 전라북도 전주시 완산구 어진길 32 (풍남동2가)
전화 (063) 219-5319~22
FAX (063) 219-5323
출판등록 2012년 8월 20일 제465-2012-000021호

값 18,000원

ISBN 979-11-6372-075-1 13760

'소리내'는 전북대학교출판문화원의 임프린트입니다.

MP3파일은 전북대학교출판문화원 홈페이지(jbnupress.jbnu.ac.kr) 자유게시판에서 다운받으세요. (파일 비밀번호: 5321)